Mariana Lima

Percepção visual aplicada à arquitetura e à iluminação

Percepção Visual Aplicada à Arquitetura e à Iluminação

Copyright© *Editora Ciência Moderna Ltda.*, 2010
Todos os direitos para a língua portuguesa reservados pela EDITORA CIÊN
MODERNA LTDA.
De acordo com a Lei 9.610 de 19/2/1998, nenhuma parte deste livro poderá
reproduzida, transmitida e gravada, por qualquer meio eletrônico, mecânico
fotocópia e outros, sem a prévia autorização, por escrito, da Editora.

Editor: Paulo André P. Marques
Supervisão Editorial: Camila Cabete Machado
Copidesque: Eveline Vieira Machado
Capa: Márcio Carvalho
Diagramação: Janaína Salgueiro
Produção Editorial: Aline Vieira Marques

Várias **Marcas Registradas** aparecem no decorrer deste livro. Mais do
simplesmente listar esses nomes e informar quem possui seus direito
exploração, ou ainda imprimir os logotipos das mesmas, o editor declar
tar utilizando tais nomes apenas para fins editoriais, em benefício excl
do dono da Marca Registrada, sem intenção de infringir as regras de
utilização. Qualquer semelhança em nomes próprios e acontecimentos
mera coincidência.

FICHA CATALOGRÁFICA

LIMA, Mariana Regina Coimbra de.
Percepção Visual Aplicada à Arquitetura e à Iluminação
Rio de Janeiro: Editora Ciência Moderna Ltda., 2010

1. Percepção Sensorial
I — Título

ISBN: 978-85-7393-891-3   CDD 152.

Editora Ciência Moderna Ltda.
R. Alice Figueiredo, 46 – Riachuelo
Rio de Janeiro, RJ – Brasil   CEP: 20.950-150
Tel: (21) 2201-6662 / Fax: (21) 2201-6896
LCM@LCM.COM.BR
WWW.LCM.COM.BR

Agradecimentos

Uma grande fonte de pesquisa de projetos de iluminação foi o site *LIGHTING ACADEMY -Il portale dela Luce*, cuja ajuda da editora-chefe, Beatrice Santini, foi essencial para conseguir algumas imagens que são publicadas neste livro.

Um dos grandes prazeres de escrever este livro foi poder estabelecer contato com arquitetos, lighting designers e fotógrafos que generosamente me cederam as fotos de seus trabalhos; são eles: Alessandro Grassia; Andrea Nusser; Andrew Lipson e Daniel Shiu; Arch photo; A. Kuryu architect & associates; Chris Arend; Christian Vogt; Ed Carpenter; Eliete Cristina da Silva; Fanny Schertzer; Ferrara Palladino; Jeffery Howe; Jonny Baker, Kathryn Mc Ginley; Kyusyu regional development bureau; Lars Kirstein Andersen; Leni Schwendinger light projects; Lighting Planners associates inc.; Mike Epistein; Olimar Marinho Filho; Pia Tervonen; Richard Payne; Roger Narboni; Pdr. Sírio Henriques Texeira; Terri Meyer Boake; Toshio Kaneko; Tyronne Ragudo; Wei lei.

Agradeço em especial à Prof. Maria Maia Porto por sua ajuda na revisão deste trabalho e seu grande apoio.

Agradeço de igual forma à minha família, que me apoiou em todo momento desta jornada com seu carinho e inspiração: Marcio Alves Ferreira, Adelaide Souza Coimbra, Danilo Martins de Lima (in memoriam), à toda família Lima e ao "clã Coimbra".

Introdução

Na visão da Psicologia, a percepção visual é uma das várias formas de percepção associadas aos sentidos. O produto final da visão consiste na habilidade de detectar a luz e interpretar (ver) as consequências do estímulo luminoso.

Para as artes plásticas, entende-se por percepção visual um conhecimento teórico, descritivo relacionado à forma e suas expressões sensoriais. É uma maneira de analisar mais detalhadamente os atributos, diferenciando os pontos relevantes e não-relevantes de uma obra artística.

A experiência visual é fundamental para aprimorar e educar o nosso olhar, alargando as possibilidades de contato com a realidade que nos cerca. Este aprendizado nos permite compreender, reagir e intervir no meio ambiente. No entanto, a capacidade para compreender analiticamente aquilo que vemos está normalmente adormecida, mas pode e deve ser despertada. Apreciando uma escultura, pintura ou uma edificação, observamos nelas certas qualidades, mas nem sempre conseguimos traduzi-las em palavras ou desenhos. A razão da nossa dificuldade se dá porque sem uma certa "educação" visual, não conseguimos organizar analítica e racionalmente essas qualidades e características.

Quem trabalha com criação, seja artista plástico, designer gráfico, seja arquiteto, precisa estudar ou entender quais fatores são determinantes para a legibilidade do que se vê e como usá-los de maneira a conseguir uma comunicação satisfatória do que se quer transmitir.

Neste livro, o leitor vai encontrar informações sobre as propriedades físicas da luz e da cor, assim como o funcionamento do olho humano. Em seguida, serão discriminadas as propriedades perceptivas e os fatores que afetam a forma como vemos e interpretamos o mundo à nossa volta. Depois de entender como os fatores físicos interferem na nossa percepção, apresentaremos as teorias da Gestalt e sua aplicação prática em projetos existentes. tanto de arquitetura como de iluminação.

No último capítulo, mostraremos como a luz, natural ou artificial, pode interferir na compreensão e na percepção dos espaços, sejam eles abertos, sejam fechados. A luz é mais uma ferramenta que o arquiteto pode usar para definir ambientes, enfatizar volumes, criar uma atmosfera e transmitir uma mensagem. A iluminação também é suficientemente poderosa para levar o ser humano a ter comportamentos predeterminados.

O propósito de elaborar este livro foi de mostrar como é possível aplicar os conceitos da percepção visual em projetos de arquitetura e iluminação e com isto, torná-los mais agradáveis para o ser humano. Acredito que a partir do exposto abaixo ficará mais fácil para os estudantes e os profissionais das diversas áreas educarem sua "visão" e utilizarem as teorias da percepção visual como ferramentas para a concepção de seus projetos.

Sumário

Capítulo 1 - Propriedade Física 1

    1.1. Luz e cor 4

        1.1.1. Mistura de cores 6

        1.1.2. Círculo das cores 9

    1.2. O olho humano 11

    1.3. Propriedade do olho 13

        1.3.1. Acomodação 13

        1.3.2. Convergência 14

        1.3.3. Adaptação 15

        1.3.4. Acuidade visual 17

        1.3.5. Campo visual 18

Capítulo 2 - Sensação e Percepção 21

    2.1. Sensação 23

    2.2. Percepção 24

    2.3. Fatores que afetam a percepção 27

Capítulo 3 - Propriedades Perceptivas 33

    3.1 Percepção de espaço e movimento 39

        3.1.1 Indicadores binoculares 41

        3.1.2 Indicadores monoculares 44

        3.1.3 Ilusão de ótica 52

    3.2 Percepção da cor 58

Capítulo 4 - Teoria da Gestalt 67

    4.1. Leis da gestalt 72

        4.1.1. Pregnância da forma 72

            4.1.1.1. Lei da pregnância aplicada à arquitetura 73

            4.1.1.2. Lei da pregnância aplicada à iluminação 77

        4.1.2. Proximidade e semelhança 80

            4.1.2.1. Lei da proximidade e semelhança aplicada à arquitetura . 82

            4.1.2.2. Lei da proximidade e semelhança aplicada à iluminação .. 86

        4.1.3. Continuidade 89

            4.1.3.1. Lei da continuidade aplicada à arquitetura 90

            4.1.3.2. Lei da continuidade aplicada à iluminação 95

        4.1.4. Fechamento 96

            4.1.4.1. Lei do fechamento aplicada à arquitetura 97

            4.1.4.2. Lei do fechamento aplicada à iluminação 99

Capítulo 5 - Luz e Arquitetura 103

    5.1. Luz e forma 109

    5.2. Luz desfigurando a forma 115

    5.3. Luz em materiais 119

    5.4. Luz criando movimento 126

    5.5. Luz influenciando comportamentos 130

Bibliografia 137

Bibliografia - Recomendada 143

Índice de Figuras

Figura 1. Espectro da radiação eletromagnética...................04
Figura 2. Cores saturadas 05
Figura 3. Exemplos de luminosidade de uma cor...................06
Figura 4. Mistura aditiva 07
Figura 5. Mistura subtrativa 09
Figura 6. Circulo das cores..09
Figura 7. Olho humano 11
Figura 8. Gráfico escotópico e fotópico..................................13
Figura 9. Projeção da imagem na retina 14
Figura 10. Convergência binocular..14
Figura 11. Adaptação do olho à escuridão 16
Figura 12. Relação acuidade visual/nível de iluminação........ 18
Figura 13. Campo visual: (a) entorno próximo; (b) entorno remoto 19
Figura 14. Partenon 28
Figura 15. Partenon 28
Figura 16. Partenon 29
Figura 17. Livro..36
Figura 18. The olive trees. Van Gohgh. 37
Figura 19. The olive trees. Van Gohgh. 37
Figura 20. Indicadores binoculares 41
Figura 21. The stereograph as an educator, foto: Underwood &Underwood 1901 - wikipedia - original from library of congress prints and photographs division, stereograph cards collection. 42
Figura 22. Anáglifo 43
Figura 23. Anaglyphic conversion of image: stereograph as an educator. Foto: Underwood&Underwood 1901 - wikipedia - original from library of congress prints and photographs division, stereograph cards collection. 43
Figura 24. Tamanho do objeto. Desenho: Mariana Lima 44

Figura 25. Textura. Desenho: Mariana Lima 45
Figura 26. Textura. Desenho: Mariana Lima 46
Figura 27. Perspectiva. Desenho Mariana Lima 46
Figura 28. Perspectiva aérea. Vista da Baia de Guanabara, Rio de Janeiro. Foto: Mariana Lima 47
Figura 29. Elevação no plano. Desenho: Mariana Lima 48
Figura 30. Sombras. Desenho: Mariana Lima 49
Figura 31. Sombras. Desenho: Mariana Lima 49
Figura 32. Interposição. Igreja del Carmen, México. Foto: Mariana Lima 50
Figura 33.a Interposição. Desenho: Mariana Lima 51
Figura 33.b Interposição. Desenho: Mariana Lima 51
Figura 34. Ilusão de ótica por movimento 53
Figura 35. Ilusão de ótica por cor 53
Figura 36. Vaso de Rubin 55
Figura 37. Quarto de Ames 56
Figura 38. Ilusão da lua 56
Figura 39. Tridente 57
Figura 40. Ilusão paradoxal 57
Figura 41. Ascending and descending Escher. Foto: Andrew Lipson e Daniel Shiu 58
Figura 42. Simultaneidade das cores 62
Figura 43. Contraste simultâneo 63
Figura 44. 70
Figura 45. 71
Figura 46. 71
Figura 47. Brasão. Desenho: Mariana Lima 73
Figura 48. Museu Guggenhime de Bilbao. Projeto: Frank Ghery. Foto: Mariana Lima 75
Figura 49. Pavilhão de Portugal (Expo98). Projeto: Álvaro Siza Vieira. Foto: Mariana Lima 75

Figura 50. Mohegun Sun hotel e cassino. Projeto: Paul Marants. Desenho: Mariana Lima 76
Figura 51. Palazzo Grassi. Projeto: Ferrara Palladino Lighting designer. Foto: Ferrara Palladino 77
Figura 52. Rose center. Projeto: Polshek Partnership architects. Foto: Terri Meyer Boake 78
Figura 53. Rose center. Projeto de iluminação: Charles Stone. Foto: Kathryn Mc Ginley 78
Figura 54. Torre Metlife. Projeto: Napoleon Lebrun & Sons. foto: Wei lei 79
Figura 55. Torre Metlife. Projeto de iluminação: Barbara Horton, Stephen Lees e Teal Brogden. Foto: Mike Epistein 79
Figura 56. Proximidade 80
Figura 57. Semelhança 81
Figura 58.a figura a 82
Figura 58.b figura b 82
Figura 59. Ouro preto, Brasil. Foto: Mariana Lima 83
Figura 60. Chaminés da "la pedreira". Projeto: Antonio Gaudí. Foto: Mariana Lima 84
Figura 61. La caixa, Espanha. Foto: Mariana Lima 84
Figura 62. Alhambra, Espanha. Foto: Mariana Lima 85
Figura 63. San Francisco City Hall. Projeto: Arthur Brown Jr. Foto: Tyronne Ragudo 86
Figura 64. Supremo Tribunal Federal, Brasilia. Projeto: Oscar Niemeyer. Projeto de Iluminação: Peter Gasper. Foto: Mariana Lima 87
Figura 65. Memorial 11 de setembro Staten Island. Projeto de iluminação: Charles Stone, Brian Mosbacher e Kevin Frary. Desenho: Mariana Lima 88
Figura 66. Escola Superior de Educação - Portugal. Projeto: Álvaro Siza Vieira. Foto: Mariana Lima 89

Figura 67. Figura (1) 90
Figura 68. Figura (2) 90
Figura 69. Pavilhão da Alemanha. Projeto: Mies Van der Rohe. Foto: Mariana Lima 91
Figura 70. Vila Savoye. Projeto: Le Corbusier. Desenho: Mariana Lima 91
Figura 71. Planetário da Universidade do Porto - Portugal. Projeto: Manuel Soares. Foto: Mariana Lima 92
Figura 72. At&t. Projeto: Philip Johnson e Alan Ritchie Architects. Desenho: Mariana Lima 93
Figura 73. Chapel of St. Basil, University of St. Thomas – Philip Johnson e Alan Ritchie Architects. Desenho: Mariana Lima. 94
Figura 74. Casa austríaca. Desenho: Mariana Lima 94
Figura 75. Thanks-Giving Square – Philip Johnson e Alan Ritchie. Foto: Richard Payne 95
Figura 76. Akashi-kaikyo bridge. Projeto: Motoko Ishii. Desenho: Mariana Lima 96
Figura 77. Triângulo 97
Figura 78. Dalmata 97
Figura 79. Centro cultural Jean Marie Tjibaou. Projeto: Renzo Piano. Foto: Fanny Schertzer licença: Mostly Creative Commons 98
Figura 80. Wexner Center. Projeto: Peter Eisenman. Desenho: Mariana Lima 98
Figura 81. Ponte Kuokkala. Projeto de iluminação: VALOA Design Oy. Foto: Pia Tervonen 99
Figura 82. Orlando City Hall Plaza. Foto e projeto: Ed Carpenter 100
Figura 83. Frankenthal Historic Center. Projeto e foto: Andrea Nusser 101
Figura 84. Iluminação de paisagismo. Foto: Jonny Baker 101
Figura 85. Fachada do templo de Isis – Ilha Philae. Egito. Foto: Mariana Lima 109

Figura 86. Interior do templo de Isis – Ilha Philae. Egito. Foto: Mariana Lima 110

Figura 87. Nagasaki memorial - projeto: Kyusyu regional development bureau, A. Kuryu architect & associates. Projeto de iluminação: Lighting Planners associates inc. Foto: Toshio Kaneko. 111

Figura 88. San Pietro, Italia. Projeto de iluminação e foto: Alessandro Grassia 112

Figura 89. Basílica de San Lorenzo. Projeto: Filippo Brunelleschi. Desenho: Mariana Lima 113

Figura 90. Mesquita de Abu Dhabi. Foto: Lars Kirstein Andersen .p g 113

Figura 91. Fachada da Basílica Dom Bosco. Foto: Padre Sírio Henriques Texeira e Eliete Cristina da Silva 114

Figura 92. Interior da Basílica Dom Bosco. Foto: Padre Sírio Henriques Texeira e Eliete Cristina da Silva. 114

Figura 93. Exemplo de como a pérgula cria novas texturas na parede. Desenho: Mariana Lima..115

Figura 94. La Fira de Barcelona. Projeto: Toyo Ito. Foto: Mariana Lima 116

Figura 95. Richmond Convetion Center. Projeto de iluminação e foto: Ed Carpenter. 117

Figura 96. Water above water. Projeto de iluminação: Schwendinger light projects. Foto: cortesia de Leni Schwendinger light projects. 118

Figura 97. Iluminação uplight. Desenho: Eduardo Rillos............... 119

Figura 98. Iluminação indireta. Foto: Mariana Lima 120

Figura 99. Iluminação direta. Foto: Mariana Lima 120

Figura 100. Notre Dame du Haut, Rochamp. Projeto: Le Corbusier. Foto: Jeffery Howe 121

Figura 101. Casa Batló. Projeto Antonio Gaudí. Foto: Mariana Lima .. 122

Figura 102. Casa Batló. Projeto Antonio Gaudí. Foto: Mariana Lima....23
Figura 103. Desenho:Mariana Lima..........124
Figura 104. Sombra chinesa. Desenho: Mariana Lima 124
Figura 105. Audrey cafe. Projeto: Paul Gregory. Desenho: Mariana Lima 125
Figura 106. CompaniaCerner.Projeto:GouldEvans,Lankford+associates e Yarnell Associates. Desenho: Mariana Lima..........126
Figura 107. Dreaming in color. Projeto: Leni schwendinger light projects. Foto: Arch photo..........127
Figura 108. Aeroporto do Alaska. Projeto de iluminação: Channing P. Lillo. Foto: Chris Arend..........128
Figura 109. Marcação de caminho. Desenho: mariana lima..........128
Figura 110. Marcação de caminho. Desenho: mariana lima 129
Figura 111 Ponte Rion Antirion, Grécia. Foto e Projeto de iluminação: Roger Narboni, lighting designer, CONCEPTO studio (France)...........129
Figura 112. Grand Hyatt hotel. Desenho: Mariana Lima..........130
Figura 113. Zentrum Huob. Projeto e foto: Christian Vogt..........131
Figura 114. Bavarian Department of State. Desenho: Mariana Lima..131
Figura 115. Espaço monótono. Desenho: Mariana Lima..........132
Figura 116. Kartause Ittingen. Projeto e foto: Christian Vogt..........133
Figura 117. Fifty Club. Projeto: Sally Storey. Desenho Mariana Lima.134
Figura 118. Outback. Foto: Mariana Lima..........135
Figura 119. Fifty Club. Projeto: Sally Storey. Desenho: Mariana Lima 136

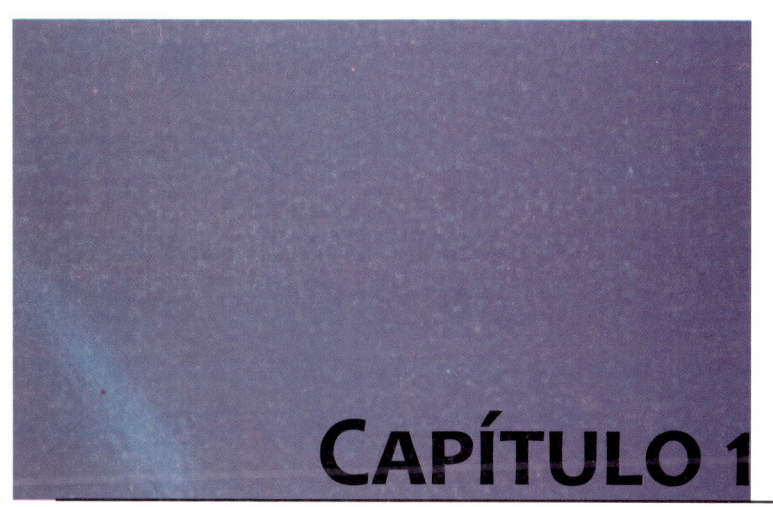

Capítulo 1

Propriedade Física

Quase todos os ambientes são construídos para receber atividades humanas e, para um melhor desempenho dessas atividades, é necessário ter uma boa definição da informação visual que constitui 85% da percepção humana, convertendo-a no elemento mais importante para o indivíduo. A partir dela, localizamo-nos no espaço e criamos uma intimidade com o ambiente.

Nossa percepção de um ambiente confortável se produz quando ocorrem três situações: quando estamos livres para focalizar nossa atenção no que queremos ou necessitamos ver; quando a informação que buscamos é claramente visível e confirma nossos desejos e expectativas; e quando o fundo não compete, distraindo-nos de nosso objeto principal. Ou seja, um ambiente bem iluminado nos ajuda a executar a tarefa que necessitamos fazer e nos faz sentir bem enquanto a executamos.

Para prever o comportamento humano como função dependente das condições lumínicas, é importante compreender as funções físicas, fisiológicas e as características perceptivas do sistema visual.

O processo da visão envolve dois aspectos: as propriedades físicas e as propriedades perceptivas. O primeiro se refere aos estímulos físicos da luz sobre o olho, que são os elementos que formam parte ou permitem a visão nos seres humanos. O segundo é a sensação que esse estímulo provoca no indivíduo.

1.1. Luz e cor

Este tópico oferece apenas uma rápida visão dos fundamentos da luz e da cor, já que o leitor tem acesso a uma grande variedade de livros especializados no tema da luz e da iluminação. Uma lista desses livros é descriminada na bibliografia.

A luz é parte de um fenômeno ondulatório chamado radiação, cujo espectro é formado por ondas eletromagnéticas que se diferem entre si pela frequência em que se propagam. Alguns exemplos de radiação eletromagnética são: ondas de rádio, micro-ondas, radiação infravermelha, luz (radiações visíveis), ultravioleta, raios X e raios gama. De todo o espectro, o ser humano só é capaz de identificar uma estreita faixa chamada luz visível, cuja frequência situa-se entre 380 e 780nm. Cada uma dessas faixas corresponde a uma impressão de cor: vermelho, alaranjado, amarelo, verde, azul e violeta, e cada cor corresponde a um determinado comprimento de onda; o verde, por exemplo, situa-se em 550nm. As cores mais quentes (amarelo ao vermelho) têm menor comprimento de onda, situando-se entre 570 e 780nm e as mais frias (verde ao violeta), maior comprimento de onda, situando-se entre 380 e 560nm.

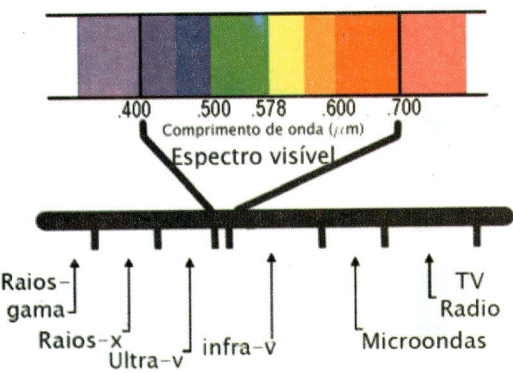

Fig.1 – Espectro da radiação eletromagnética

Cada comprimento de onda pode ser considerado como uma cor pura ou cor primária, aquela que dá origem a todas as outras cores, não conseguindo obtê-la através de nenhuma mistura. Pode-se observar na figura do espectro que não estão presentes todas as cores que conhecemos, como, por exemplo, o carmim ou o verde-limão, porque essas cores são formadas pela mistura de duas ou mais cores que veremos a seguir.

TOM OU MATIZ

É a característica pela qual uma cor se distingue da outra. Corresponde ao conceito físico do comprimento de onda - o matiz azul corresponde a 490nm. Todas as cores são consideradas próximas a um determinado tom ou a uma proporção de dois comprimentos de onda. Assim, o carmim, o rubro e o rosa são próximos em relação ao seu tom, apesar de serem cores diferentes. Já as cores branco, cinza e preto são consideradas acromáticas pela sua falta de cor.

SATURAÇÃO

A saturação de uma cor depende da "pureza" de sua composição - quanto menos cinza contiver, mais saturada ela será. Uma cor vermelha ou azul pura são cores altamente saturadas, enquanto o rosa, assim como as cores denominadas pastéis, são cores pouco saturadas.

Fig.2 – Cores saturadas

LUMINOSIDADE OU VALOR

É a qualidade clara ou escura de uma cor e sua capacidade de refletir a luz. Entre as cores, o amarelo é a cor que mais reflete luz e o violeta é a que menos reflete. Independentemente da luminosidade própria das cores, elas podem ser alteradas mediante a adição do branco que as torna mais claras e, portanto, mais luminosas ou do preto que as torna mais escuras e menos luminosas. O ser humano é capaz de distinguir nove graduações de luminosidades diferentes de um mesmo matiz. É baseando-se nestas graduações que os esquimós nomeiam a neve de cor branca de nove formas distintas.

Fig.3 - Exemplos de luminosidade de uma cor

1.1.1. MISTURA DE CORES

Um aspecto importante da teoria das cores é a diferença entre a cor luz (a que provém de uma fonte luminosa colorida) e a cor pigmento (tinta, lápis de cor etc.), com cada uma tendo suas cores primárias próprias, já que têm propriedades físicas diferentes. Como foi mencionada a alguns parágrafos acima, é a mistura das cores primárias que dá origem às demais cores.

MISTURA ADITIVA – COR LUZ

O processo de misturar diferentes comprimentos de onda para produzir uma nova cor é chamado de mistura aditiva. A partir da mistura das três cores aditivas primárias (vermelho, verde e azul) obtém-se o maior número de cores possíveis e a soma dessas três cores resulta no branco.

Se projetarmos sobre uma superfície branca três focos de luz, cada um com uma das três cores primárias, e sobrepusermos parcialmente os três círculos, veremos que a interseção entre o vermelho e o azul será o magenta, entre o verde e o vermelho, o amarelo, entre o verde e o azul, o ciano e no centro estará o branco, a soma das três cores primárias. Pode-se observar que ao misturarmos cores primárias de luz para produzir novas cores, o produto dessa mistura tem uma aparência mais clara que as cores que as originaram.

Fig.4 – Mistura aditiva

A cor resultante da mistura de duas cores primárias é considerada uma cor secundária. E a mistura de uma cor primária com uma secundária é chamada de cor terciária.

MISTURA SUBTRATIVA – COR PIGMENTO

Quando uma fonte de luz que contém todos os comprimentos de onda, como por exemplo o sol, incide sobre um objeto, este absorve todos os comprimentos de onda que possui, refletindo aquele que não possui. A reflexão desse comprimento de onda dá origem à cor do objeto e que por ser produzida pela filtragem do comprimento de onda, denomina-se cor subtrativa. É este fenômeno que se produz em pintura, onde a cor final de um elemento vai depender do comprimento da onda de luz incidente refletido pelos pigmentos de cor desse mesmo elemento. Assim, uma maçã vermelha iluminada pelo sol absorve todos os comprimentos de onda e reflete o vermelho. Objetos pretos não refletem nenhuma cor porque, na realidade, possuem todas elas. Já os objetos brancos refletem todas as cores, o que indica a ausência total de cor.

Da mesma forma que para a cor-luz existem três cores primárias, também existem três cores primárias para a cor-pigmento: magenta, ciano e amarelo.

Note que para obter toda uma variedade de cores, é necessário que as cores primárias não sejam puras ou monocromáticas, ou seja, que reflitam de preferência uma extensão maior de comprimentos de onda. Isto porque a mistura de pigmentos diminui a quantidade de comprimentos de onda que são refletidos.

Na figura 5, observa-se que o pigmento ciano absorve todos os comprimentos de onda longa e o magenta absorve todos os comprimentos de onda média; a mistura entre os dois absorve ambos os comprimentos de onda, deixando apenas os comprimentos de onda curta, o azul. A combinação de magenta (absorção dos comprimentos de onda média) com amarelo (absorção dos comprimentos de onda curta) forma o vermelho (comprimento de onda longa). Já a combinação de amarelo com ciano (absorção de comprimentos de onda curta e longa, respectivamente) resulta no pigmento verde (comprimento de onda média)

MISTURA ADITIVA – COR LUZ

O processo de misturar diferentes comprimentos de onda para produzir uma nova cor é chamado de mistura aditiva. A partir da mistura das três cores aditivas primárias (vermelho, verde e azul) obtém-se o maior número de cores possíveis e a soma dessas três cores resulta no branco.

Se projetarmos sobre uma superfície branca três focos de luz, cada um com uma das três cores primárias, e sobrepusermos parcialmente os três círculos, veremos que a interseção entre o vermelho e o azul será o magenta, entre o verde e o vermelho, o amarelo, entre o verde e o azul, o ciano e no centro estará o branco, a soma das três cores primárias. Pode-se observar que ao misturarmos cores primárias de luz para produzir novas cores, o produto dessa mistura tem uma aparência mais clara que as cores que as originaram.

Fig.4 – Mistura aditiva

A cor resultante da mistura de duas cores primárias é considerada uma cor secundária. E a mistura de uma cor primária com uma secundária é chamada de cor terciária.

MISTURA SUBTRATIVA – COR PIGMENTO

Quando uma fonte de luz que contém todos os comprimentos de onda, como por exemplo o sol, incide sobre um objeto, este absorve todos os comprimentos de onda que possui, refletindo aquele que não possui. A reflexão desse comprimento de onda dá origem à cor do objeto e que por ser produzida pela filtragem do comprimento de onda, denomina-se cor subtrativa. É este fenômeno que se produz em pintura, onde a cor final de um elemento vai depender do comprimento da onda de luz incidente refletido pelos pigmentos de cor desse mesmo elemento. Assim, uma maçã vermelha iluminada pelo sol absorve todos os comprimentos de onda e reflete o vermelho. Objetos pretos não refletem nenhuma cor porque, na realidade, possuem todas elas. Já os objetos brancos refletem todas as cores, o que indica a ausência total de cor.

Da mesma forma que para a cor-luz existem três cores primárias, também existem três cores primárias para a cor-pigmento: magenta, ciano e amarelo.

Note que para obter toda uma variedade de cores, é necessário que as cores primárias não sejam puras ou monocromáticas, ou seja, que reflitam de preferência uma extensão maior de comprimentos de onda. Isto porque a mistura de pigmentos diminui a quantidade de comprimentos de onda que são refletidos.

Na figura 5, observa-se que o pigmento ciano absorve todos os comprimentos de onda longa e o magenta absorve todos os comprimentos de onda média; a mistura entre os dois absorve ambos os comprimentos de onda, deixando apenas os comprimentos de onda curta, o azul. A combinação de magenta (absorção dos comprimentos de onda média) com amarelo (absorção dos comprimentos de onda curta) forma o vermelho (comprimento de onda longa). Já a combinação de amarelo com ciano (absorção de comprimentos de onda curta e longa, respectivamente) resulta no pigmento verde (comprimento de onda média)

Fig.5 - Mistura subtrativa

1.1.2. Círculo das cores

Tradicionalmente, as cores são representadas em um círculo, onde podem ser observadas as relações das cores **primárias** com secundarias e complementares.

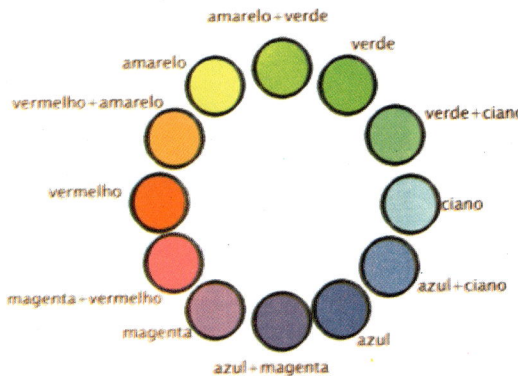

Fig.6 - Círculo das cores

Através dos círculos das cores, também é possível criar harmônicos consonantes ou dissonantes, segundo a natureza das mesmas. Em princípio, pode-se afirmar que toda cor combina com qualquer outra, o que não significa que todo grupo de cores forma uma harmonia. Não é correto denominarmos a existência de combinações de cores belas ou feias, não existem também duplas de cores inconciliáveis, impossíveis de serem combinadas. A harmonia cromática expressa o equilíbrio dos elementos mais ativos da escala de tons.

Normalmente, a harmonia é confundida com a combinação, mas a harmonia pressupõe o equilíbrio de um conjunto de partes para formar um novo elemento. Já a combinação é a ação de semelhança e de contraste das duas cores para formar a unidade, como, por exemplo, o vermelho e o verde, o amarelo e o violeta, o azul e o laranja. A harmonia cromática é definida como o resultado do equilíbrio entre a cor Dominante, a cor Tônica e a Intermediária, sendo a Dominante a cor que ocupa maior extensão da área; Tônica, a cor vibrante que, por ação de contraste complementar, dá o tom ao conjunto; e a cor Intermediária, que forma a passagem entre a Dominante e a Tônica.

CORES ANÁLOGAS

As cores análogas são aquelas que são vizinhas, próximas entre si no círculo das cores. Por exemplo: o verde é análogo ao amarelo-esverdeado e ao verde-azulado. Este esquema é utilizado quando se quer obter uma sensação de profundidade, movimento, volume, luz e sombra.

CORES COMPLEMENTARES

São aquelas que estão em oposição no círculo cromático e que produzem um forte contraste, causam impacto visual e dão certo ar dramático. Uma cor primária sempre tem uma cor secundária como complementar, por exemplo, a cor complementar. A cor complementar do azul (cor primária) é o laranja (cor secundária). Isso pode ser útil na pintura de sombras e na relação frente e fundo.

1.2. O OLHO HUMANO

Há dois fatores essenciais no funcionamento da luminotécnica: a existência de um manancial de energia luminosa e um órgão captador dessa energia (receptor).

O olho é o órgão que permite a percepção da luz e da cor e nos ajuda a interpretar, por meio das imagens, o mundo que nos rodeia.

Nas espécies inferiores, o olho é apenas um conjunto de células pigmentadas que permitem distinguir entre a claridade e a escuridão. Nas formas mais avançadas da espécie animal, o olho está composto por lentes e diafragmas para focalizar e limitar a entrada da luz, além de um sistema de células sensíveis às radiações luminosas que possibilitam a percepção das imagens.

Os principais elementos que compõem o olho humano são (figura 7):

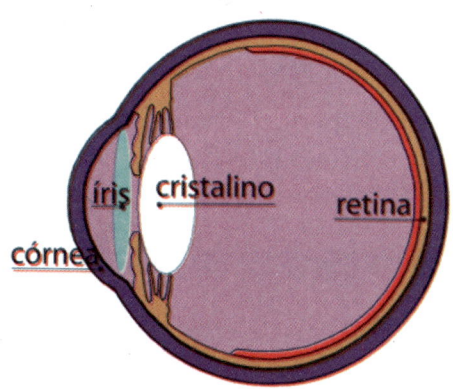

Fig.7 – Olho humano

⇒ Córnea – é uma membrana transparente de proteção que permite a entrada da luz.

⇒ Iris – controla o músculo da pupila por onde a luz penetra no interior do olho. Ela pode variar sua abertura em cinco vezes sua área.

⇒ Cristalino – responsável pela correta focalização da imagem, é o que chamamos de lente dos olhos. Ele pode expandir ou retrair, dependendo da distância de onde se encontra o objeto.

⇒ Retina – é a tela de projeção do olho; recebe a luz e transmite a sensação luminosa. Neste local, forma-se a imagem visual invertida que é levada ao cérebro através do nervo óptico e lá sofre a reinversão. É nessa tela de projeção que se localiza a fóvea e nela, a visão é muito nítida e detalhada. Também na retina se encontram as células fotossensíveis (cones e bastonetes).

- Cones – possibilitam a descriminação de detalhes finos e a percepção da cor. No olho, encontram-se quase 50.000 cones e somente 1% está na fóvea, o restante se localiza na área periférica.

- Bastonetes – são sensíveis aos baixos níveis de iluminação e também aos movimentos e oscilações. Existem 120 milhões deles e todos se localizam na área periférica.

A maior e mais importante diferença entre os cones e os bastonetes é sua função. Os cones são responsáveis pelas experiências visuais durante o dia, quando os níveis de iluminação são altos, o que é chamado por visão fotópica. Já os bastonetes são responsáveis pela visão noturna, quando os níveis de iluminação são menores que $1cd/m^2$, o que é chamado de visão escotópica. Percebe-se no gráfico que no escuro, o ser humano capta melhor a radiação dos comprimentos de ondas curtas próximas aos 500nm.

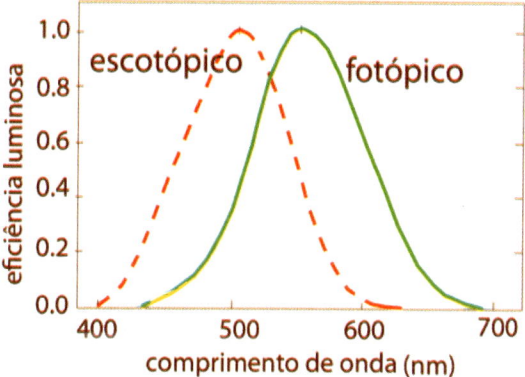

Fig.8 – Gráfico escotópico e fotópico

1.3. Propriedade do olho

1.3.1. Acomodação

É a alteração da curva do cristalino modificando a distância focal para permitir a formação de uma imagem sobre a retina.

A acomodação varia com a idade, sendo máxima na infância e mínima ou ausente na idade avançada. Quando o objeto a ser observado situa-se muito longe do olho, próximo ao infinito, o foco do cristalino coincide com a retina. Nessas condições, o objeto é observado sem esforço visual. Se o objeto for aproximado do olho, ele poderá ser visualizado com nitidez e neste momento, a tensão nos músculos sobre o cristalino é máxima.

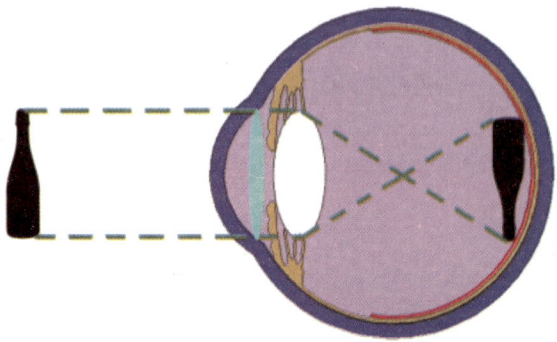

Fig.9 – Projeção da imagem na retina

1.3.2. Convergência

Para cada ponto situado no espaço, os olhos fazem uma convergência binocular e uma acomodação ótima que permitem obter projeções na retina de forma a focar o objeto para uma correta compreensão.

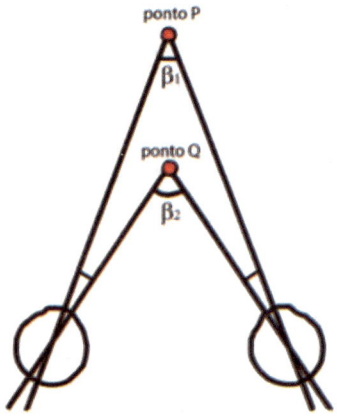

Fig.10 – Convergência binocular

Se olharmos para um mesmo objeto a uma distância curta (ponto Q) e a uma distância longa (ponto P), o ângulo formado pelas duas linhas de visão de cada olho até o objeto será maior quanto mais próximo o objeto estiver do observador. Portanto, o ângulo ß2 é maior que o ß1, pois o ponto P se encontra a uma distância maior que o ponto Q.

1.3.3. ADAPTAÇÃO

O olho humano se ajusta automaticamente à iluminação para cada caso em particular. Ao se submeter a uma luz muito intensa, a pupila se contrai reduzindo a entrada dos raios luminosos e na escuridão, a pupila se dilata com o objetivo de captar a maior quantidade de luz possível. Desta forma, regula-se automaticamente a intensidade luminosa sobre a retina. O olho se adapta a várias situações de luz, desde um céu descoberto de verão, quando a iluminância é de 100.000 lux, até a luz de uma noite de lua cheia, quando a iluminância alcança apenas 0,25 lux.

DESCRIÇÃO	NÍVEL DE ILUMINÂNCIA (LUX)
Céu descoberto – verão	100.000
Céu encoberto – verão ou inverno	20.000
Plano de trabalho num recinto bem iluminado	1.000
Iluminação pública (vias)	20 a 40
Noite de lua cheia	0,25

Fonte: Manual Osram, páginas 73 e 75

Todo mundo já passou pela experiência de sair de uma sala escura e, em seguida, entrar num ambiente com muita luz - tudo parece muito claro e leva-se um tempo até conseguir identificar os objetos.

Isto porque ao sair de um ambiente escuro, a pupila está dilatada e os olhos são ofuscados porque a luz que estava incidindo nos bastonetes passa a atuar sobre os cones. O período de ofuscamento dura 10 min aproximadamente, tempo usado para uma nova síntese de níveis adequados de pigmento visual. A adaptação também ocorre quando se sai de um ambiente com muita luz e entra num local às escuras - tudo parece preto e é difícil identificar os objetos na escuridão. A pupila dilata expondo um maior número de bastonetes à incidência luminosa, sabendo-se que eles são mais sensíveis. A adaptação total ao escuro ocorre em 30 min e visa condicionar os bastonetes para receber estímulos luminosos de pequena intensidade.

O contraste excessivo leva a uma adaptação muito rápida, causando um desconforto visual, que deve ser evitado num bom projeto de iluminação.

A grande diferença de níveis de iluminância numa mesma área pode causar sérios acidentes de trabalho ou de trânsito.

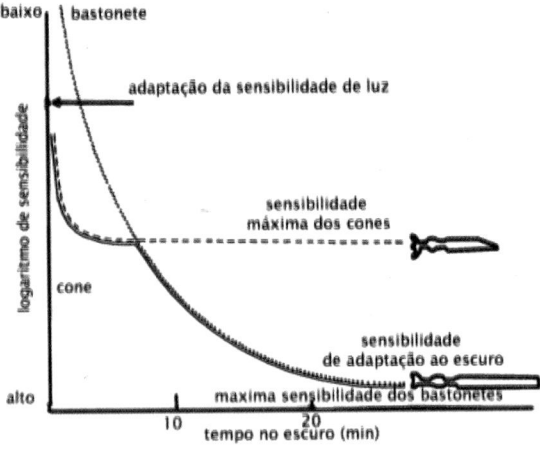

Figura 11. Adaptação do olho à escuridão

Se olharmos para um mesmo objeto a uma distância curta (ponto Q) e a uma distância longa (ponto P), o ângulo formado pelas duas linhas de visão de cada olho até o objeto será maior quanto mais próximo o objeto estiver do observador. Portanto, o ângulo ß2 é maior que o ß1, pois o ponto P se encontra a uma distância maior que o ponto Q.

1.3.3. ADAPTAÇÃO

O olho humano se ajusta automaticamente à iluminação para cada caso em particular. Ao se submeter a uma luz muito intensa, a pupila se contrai reduzindo a entrada dos raios luminosos e na escuridão, a pupila se dilata com o objetivo de captar a maior quantidade de luz possível. Desta forma, regula-se automaticamente a intensidade luminosa sobre a retina. O olho se adapta a várias situações de luz, desde um céu descoberto de verão, quando a iluminância é de 100.000 lux, até a luz de uma noite de lua cheia, quando a iluminância alcança apenas 0,25 lux.

DESCRIÇÃO	NÍVEL DE ILUMINÂNCIA (LUX)
Céu descoberto – verão	100.000
Céu encoberto – verão ou inverno	20.000
Plano de trabalho num recinto bem iluminado	1.000
Iluminação pública (vias)	20 a 40
Noite de lua cheia	0,25

Fonte: Manual Osram, páginas 73 e 75

Todo mundo já passou pela experiência de sair de uma sala escura e, em seguida, entrar num ambiente com muita luz - tudo parece muito claro e leva-se um tempo até conseguir identificar os objetos.

Isto porque ao sair de um ambiente escuro, a pupila está dilatada e os olhos são ofuscados porque a luz que estava incidindo nos bastonetes passa a atuar sobre os cones. O período de ofuscamento dura 10 min aproximadamente, tempo usado para uma nova síntese de níveis adequados de pigmento visual. A adaptação também ocorre quando se sai de um ambiente com muita luz e entra num local às escuras - tudo parece preto e é difícil identificar os objetos na escuridão. A pupila dilata expondo um maior número de bastonetes à incidência luminosa, sabendo-se que eles são mais sensíveis. A adaptação total ao escuro ocorre em 30 min e visa condicionar os bastonetes para receber estímulos luminosos de pequena intensidade.

O contraste excessivo leva a uma adaptação muito rápida, causando um desconforto visual, que deve ser evitado num bom projeto de iluminação.

A grande diferença de níveis de iluminância numa mesma área pode causar sérios acidentes de trabalho ou de trânsito.

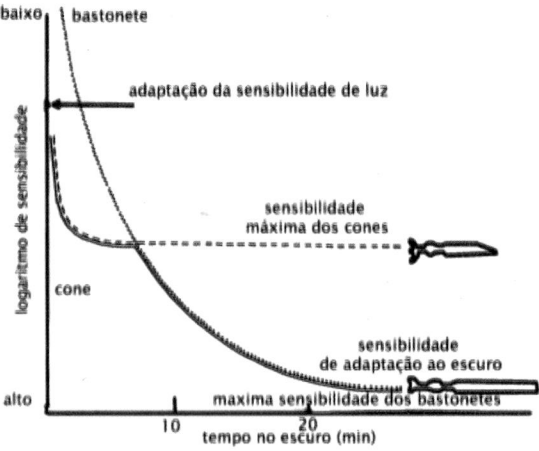

Figura 11. Adaptação do olho à escuridão

No gráfico de adaptação do olho à escuridão (figura 11), são apresentadas três curvas. A linha tracejada mostra a curva de adaptação dos cones e a linha pontilhada mostra a curva de adaptação dos bastonetes. A linha contínua mostra os dois estágios de adaptação da curva. O gráfico mostra que os cones demoram 6 min para alcançar sua máxima sensibilidade, enquanto que os bastonetes demoram 30 min. Note que os cones se regeneram rapidamente, enquanto os bastonetes levam um tempo maior. Em compensação, a máxima sensibilidade dos bastonetes no escuro é muito maior que a dos cones, o que prova que os bastonetes são os responsáveis pela visão escotópica.

Pela acomodação, o olho regula a curvatura do cristalino para se adequar à distância e, pela adaptação, o olho regula a quantidade de entrada de luz. Ambas as propriedades ocorrem simultaneamente.

1.3.4. ACUIDADE VISUAL

É a faculdade de distinguir os detalhes dos objetos em função da distância do observador. Ela diminui com a idade e umas das causas é a perda de elasticidade do cristalino.

IDADE	ACUIDADE VISUAL
20 anos	100%
30 anos	96%
40 anos	90%
50 anos	84%
60 anos	75%
70 anos	60%

Tabela 1 Diminuição da acuidade visual com relação à idade.

Fonte: PILOTTO. p.36. 1980.

O baixo contraste entre o objeto e o entorno, o tamanho do objeto, a distância em que ele está do observador, o tempo de visão e o ofuscamento que possa vir a existir, são todos fatores que podem diminuir a acuidade visual impedindo a formação de imagens bem definidas na retina. Além desses fatores, os níveis de iluminação e a composição espectral também interferem na acuidade visual. Como o contraste está relacionado também com os níveis de iluminação, há uma variação da acuidade visual dependendo dos níveis lumínicos, como se pode observar na figura 12.

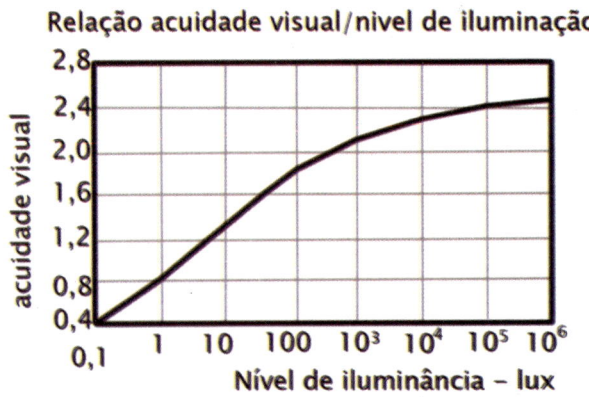

Figura 12.- Relação entre acuidade visual/nível de iluminação

1.3.5. CAMPO VISUAL

É o espaço visto pelo observador através de seus olhos. Como o campo visual não é percebido com igual nitidez em sua totalidade, costuma-se considerá-lo dividido em vários campos de visão menores denominados de entorno, com diferentes funções visuais. Cada entorno está determinado pela correspondente amplitude do semi-ângulo de um cone imaginário que tem seu eixo coincidente com o eixo ótico do cristalino (Fig. 34).

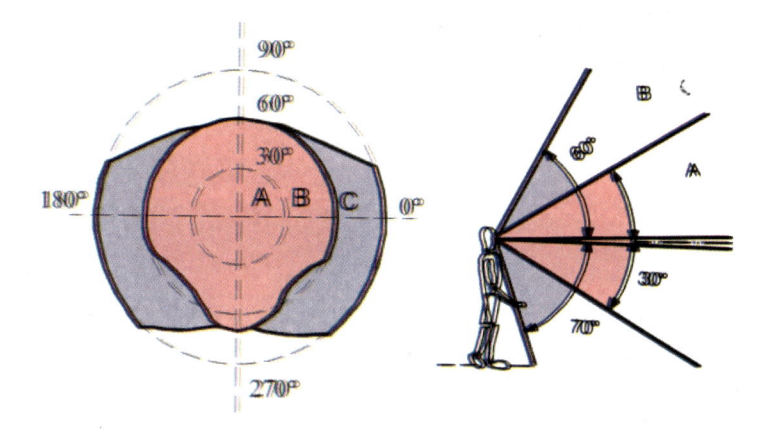

Fig.13 - Campo visual: (A) entorno próximo; (B) entorno remoto

No campo visual central, que compreende um cone de 2°, a fóvea é totalmente cheia de cores e nesta zona, os detalhes serão mais bem definidos. Em volta desta área central, há uma zona onde os cones e os bastonetes permitem uma compreensão do campo visual, preciso em formas e cores.

Num ângulo maior, próximo aos 30°, não percebemos alguns detalhes e cores sem que movamos nossos olhos. Acima desse ângulo já não há cones, apenas bastonetes, o que significa que a percepção é muito pouco detalhada. Esta visão periférica dá uma vaga noção das formas dos objetos, o que permite ao indivíduo localizá-los dentro do campo visual e ajuda-o a tomar consciência de sua posição e localização no espaço.

Capítulo 2

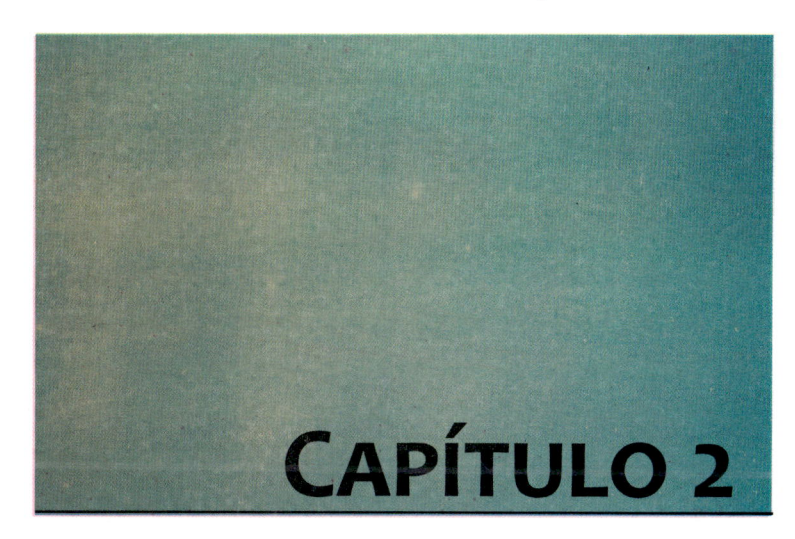

Sensação e Percepção

2.1. Sensação

A sensação é um fenômeno psíquico elementar que resulta da ação de estímulos externos sobre os órgãos dos sentidos.

A sensação pode ser classificada em três grupos: externa, interna e especial.

⇒ A sensação externa é a resposta de cada órgão dos sentidos aos estímulos que atuam sobre ele. A audição seria a resposta do órgão e o ruído seria o estímulo atuante.

⇒ A sensação interna reflete os movimentos da parte isolada de nosso corpo, capta os estímulos externos e transmite-os aos órgãos que cuidam da coordenação motora, do equilíbrio e das funções orgânicas. Por exemplo, a sensação de equilíbrio provém da parte interna do ouvido e indica a posição do corpo e da cabeça.

⇒ A sensação especial se manifesta sob a forma de sensibilidade para a fome, sede, fadiga etc.

O filósofo grego Protágoras, no ano 450 antes de Cristo, afirmou que "o homem não é mais que um conjunto de sensações". O mundo é o que seus sentidos lhe dizem e as limitações de seus sentidos estabelecem o território da existência.

As sensações nos fazem relacionar com nosso próprio organismo, com o mundo exterior e com tudo que está à nossa volta. O conhecimento do mundo exterior resulta das sensações que conseguimos captar através dos órgãos dos sentidos e do sistema nervoso. Quanto mais desenvolvidos, mais delicadas e mais variadas serão suas sensações.

"A mente vê e a mente escuta. O restante é cego e surdo" (EPICARMO citado por COREN, WARD y ENNS,1999).

2.2. Percepção

"Perceber é conhecer, através dos sentidos, objetos e situações." (PENNA, 1997)

Pode-se definir a percepção como a função psíquica que permite ao organismo, através dos sentidos, receber e elaborar a informação proveniente de seu entorno. Há vários fatores que interferem na percepção de um objeto: A) os estímulos sensoriais; B) a localização do objeto no tempo e no espaço; C) a influência das experiências prévias dos sujeitos, tais como a cultura e a educação.

A. As características fisiológicas do indivíduo (surdo, cego às cores etc.) tem grande influência no processo perceptivo. Uma pessoa surda não estabelecerá uma diferença sonora ao sair de uma rua extremamente ruidosa e entrar em um ambiente silencioso. Neste caso, a percepção do ambiente será diferente de uma pessoa com audição normal, que se sentirá aliviada por ter saído do caos urbano. Mas, não podemos dizer que a percepção de um determinado objeto está conectada a um único estímulo sensorial - os sentidos funcionam juntos e se complementam. O caos urbano não se percebe somente pelo ruído da rua, mas também pela grande quantidade de carros, poluição do ar, odor da fumaça de dióxido de carbono etc.

B. O ato de perceber implica, como condição necessária, na proximidade do objeto no espaço e no tempo, bem como a possibilidade de poder ser tocado. Os objetos distantes no tempo não são percebidos, só são lembrados ou imaginados. Igualmente, ocorre com os objetos distantes no espaço, já que é necessário que os órgãos receptores operem sobre ele.

C. Para Serra e Coch (1995), a aprendizagem do processo perceptivo é influenciada pelas características fisiológicas do indivíduo e pelos aspectos histórico-culturais, com tudo isso no âmbito da associação total dos diferentes estímulos sensoriais. Neste processo, pode integrar-se a memória, que é afetada pelas experiências prévias do sujeito.

A percepção é uma atitude cerebral de extremo refinamento que recorre aos depósitos de informação da memória. A atividade cerebral vale-se de sutis classificações e comparações e de uma quantidade de decisões a serem tomadas antes que os dados dos sentidos se convertam na percepção consciente do que "está aí".

Do que já foi exposto, pode-se inferir que o processo perceptivo é uma complexa interação de diferentes estímulos sensoriais e, portanto, resulta como sendo muito difícil estabelecer regras gerais de um processo ainda pouco conhecido. Não obstante, é possível classificar alguns princípios fundamentais:

⇒ Sabe-se que a percepção não é o resultado de uma única estimulação, pode-se dizer que não há estímulos isolados da realidade; necessidades, emoções e valores afetam qualquer processo perceptivo.

Quanto mais forte for a necessidade de uma pessoa, mais predisposta estará para identificar determinados aspectos significativos para essas necessidades no campo perceptual. Estudos feitos a respeito deste fato comprovam que as palavras incompletas são mais comumente preenchidas com palavras referentes a alimentos por pessoas com fome do que por pessoas alimentadas, como, por exemplo: car__ (carne), re__ (refeição). Assim como as imagens com poucas estruturas tendem a ser vistas como objetos de alimentação por aqueles que têm fome.

Já o estado emocional da pessoa pode provocar uma predisposição que influi nos processos de percepção e do pensamento. Em outro estudo, foi provado que as pessoas tendem a ver maiores características de maldade na fisionomia de outros indivíduos depois de terem visto um filme de terror e de assassinato.

Uma pessoa tem predisposição a perceber (imagens, palavras, sons etc.) de acordo com seus valores éticos, morais, culturais e suas atitudes. Se apresentarmos rapidamente uma lista de palavras a um grupo de religiosos, haverá uma tendência para reconhecer mais rapidamente as palavras relacionadas com os seus valores individuais.

⇒ Também se pode considerar como uma afirmação indiscutível que toda percepção é o resultado das características inatas do indivíduo e, ao mesmo tempo, de um processo de aprendizagem. Ou seja, as características psicológicas condicionam o processo perceptivo; a herança cultural e a aprendizagem de nossos antepassados podem chegar a condicionar desde o primeiro momento nosso próprio processo de percepção; a aprendizagem e a experiência atuam como reguladores e hierarquizadores das diferentes estimulações, facilitando quando as situações são conhecidas e dificultando quando são submetidas a situações extraordinárias e ilusões perceptivas.

Ao falarmos das diferenças de personalidade, estamos falando das variações de fenótipo que englobam as variações na constituição biológica, na capacidade sensorial e cerebral, na idade e experiência e no contexto geográfico e cultural. A singular constituição da pessoa, suas habilidades específicas, motivos, valores e traços, constituem sua personalidade. Há diferenças significativas na percepção do mundo associadas às diferenças de personalidade. Na realidade, uma das maneiras de tentar descrever e classificar as pessoas, sob o ponto de vista pessoal, é através do estudo de sua maneira de perceber o mundo.

Os valores culturais atribuídos aos objetos, às relações e aos acontecimentos também podem desempenhar um papel significativo na maneira como os objetos são percebidos. Por exemplo, os habitantes das ilhas Trobiand, na Nova Guiné, apegavam-se a uma crença básica, segundo a qual uma criança não poderia jamais ser fisicamente semelhante à sua mãe ou a seus irmãos e irmãs, mas apenas ao seu pai. Mesmo quando, para um estranho, havia uma notável semelhança física entre os irmãos, os nativos eram incapazes (ou não queriam ser capazes) de descobrir qualquer semelhança. Além disso, havia uma tendência inversa para exagerar o menor grau de semelhança facial entre o pai e os filhos.

2.3. Fatores que afetam a percepção

É possível distinguir quatro fatores que afetam a percepção de um indivíduo:

O primeiro é quando há uma distorção na percepção sensorial visual. Esta é chamada de ilusão de ótica porque nos leva a perceber erroneamente a realidade. A percepção errônea pode variar entre uma pessoa e outra, dependendo de fatores como, por exemplo, a acuidade visual, campimetria, daltonismo, astigmatismo, entre outros. Entender esses fenômenos é útil para compreender as limitações do sentido visual do ser humano e a possibilidade de distorção, seja com relação à forma, cor, dimensões, seja com relação à perspectiva do observado.

A percepção do mundo de um indivíduo poderia diferenciar o mundo da realidade física quando a associação das impressões sensoriais é contraditória, produzindo as **ilusões óticas**. Por exemplo, o Partenon, este elegante edifício da antiga Grécia, cujas linhas retas e sóbrias proporcionam uma sensação de grandeza e simplicidade, na realidade, foi construído em forma totalmente distorcida para que fosse possível admirá-lo do ponto de vista da estatura do homem. Se fosse construído o Partenon quadrado, iríamos vê-lo como na figura 14, na linha horizontal e as pontas parecendo estar mais altas que o centro. A figura 15 mostra como ele foi realmente construído para que pudéssemos apreciá-lo da maneira correta, como vemos na figura 16.

Fig.14 - Partenon

Fig.15 - Partenon

Fig.16 - Partenon

Este tema será retomado com maiores detalhes mais adiante.

O segundo é a **percepção associada** que ocorre quando os estímulos que correspondem a um sentido determinado também influem nas respostas dos outros campos sensoriais. Isso é o que ocorre quando dizemos que "a cor vermelha dá uma sensação de calor, a cor verde a sensação de paz, e o azul de frio".

O terceiro fator é o **efeito de sinestesia**. A sinestesia associa estímulos diferentes produzindo modificações na percepção. É definida como "a alteração, geralmente subjetiva, da percepção de um estímulo provocada pela excitação em outra parte do corpo". (GONZALEZ 2000).

De forma geral, todos somos afetados em algum grau pelos efeitos da sinestesia. Os mais conhecidos são os que relacionam o calor da luz ou das paredes com a sensação térmica subjetiva. As cores quentes como, por exemplo, o vermelho, o laranja e o amarelo criam a sensação subjetiva de uma maior temperatura do ambiente, em comparação à sensação de frio que produzem as cores azuis. Em contrapartida é menos conhecido o efeito dessas cores sobre a percepção acústica do espaço. Tem-se uma sensação do aumento da reverberação e da percepção de um menor ruído de fundo se o ambiente está iluminado com cores frias. O efeito contrário ocorre quando as cores são quentes.

Recentemente, foram descobertos os efeitos que produzem um estímulo acústico na percepção das cores e das formas. Neste caso, trata-se de um efeito somático e não subjetivo, já que os sons fortes produzem um incremento da pressão ocular que afeta a percepção. Nessas condições, reduz-se a sensibilidade ao vermelho, enquanto que se aprecia mais nitidamente as formas e as cores verdes e azuis.

No esquema abaixo, representam-se os estímulos energéticos, onde cada quina é um sentido vinculado a um estímulo e os lados do triângulo são as relações bidirecionais geradas.

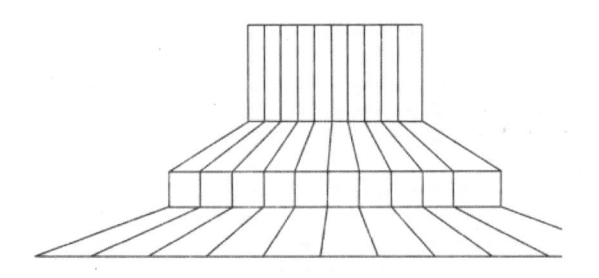

Quando o efeito da sinestesia torna-se um transtorno, as pessoas que têm esta rara condição veem sons, cheiram as cores e saboreiam as formas. Por exemplo, um indivíduo que tem esta desordem, ao ver a letra "A" pode pensar na cor azul grisáceo, a letra "B" no azul pastel e a "C" no carmim. Os números podem causar-lhe reações muito similares - o 4 e o 10 podem ser associados à cor vermelho-tomate.

O último fator que pode afetar e modificar completamente a percepção do indivíduo são os diferentes **tipos de personalidades**.

Serra e Coch (1995) fizeram uma lista de dualidades ou tendências contrapostas dos **tipos de personalidades** que são consideradas as mais importantes com relação ao desenho ambiental:

⇒ *Introversão / Extroversão* – manifesta a inclinação da pessoa em se opor à relação com o entorno ou a seu favor.

⇒ *Atividade / Passividade* – é a tendência individual para realizar uma determinada ação sobre o entorno ou para não realizá-la.

⇒ *Claustrofobia / Agorafobia* – é a diferença entre a recusa individual dos espaços demasiadamente pequenos ou dos demasiadamente grandes.

⇒ *Individualismo / Gregarismo* – inclinação do indivíduo a preferir fazer as coisas só ou em companhia de outros.

⇒ *Apoliniano / Dionisíaco* – tendência a interpretar a realidade por um processo de análise, soma de componentes que têm entidade individual própria ou de fazê-lo sempre em termos globalizadores, sem a possível abstração de uma parte do todo.

⇒ *Neofilia / Neofobia* – inclinação a preferir tudo o que é novo ou, ao contrário, rechaçar.

É importante ter presente a relatividade destas classificações, já que em diferentes momentos ou circunstâncias as pessoas podem mudar.

Capítulo 3

Propriedades Perceptivas

Para um estímulo se converter em percepção, a informação visual passa pelo cristalino, que põe em foco a imagem e projeta-a na retina. As células da retina convertem a luz em dados sensoriais e envia-as ao longo do caminho dos sistemas nervosos ópticos até o cérebro. Estes estímulos sensoriais estão em constante fluxo, já que o mundo à nossa volta também produz mudanças constates.

Todo o tempo somos bombardeados por informações e nossa percepção inconsciente assimila todas elas e passa-as pelo "filtro das experiências" – a memória inconsciente onde estão armazenados os dados das experiências passadas – deixando para a percepção consciente as informações mais importantes. Nosso cérebro capta as informações, classifica-as, interpreta-as e seleciona-as. As informações irrelevantes são armazenadas na memória e as relevantes são incorporadas imediatamente à consciência e são usadas para satisfazer as necessidades que iniciaram a investigação.

Por causa das experiências passadas, o indivíduo pode, inconsciente e instantaneamente, classificar a figura 17 como a foto de alguns livros. Já a figura 18 é mais difícil de interpretar, pois o filtro das experiências não contém suficientes padrões análogos que permitem a classificação da imagem. Como não há arquivo relevante na memória, a imagem se converte em um elemento que transmite ambiguidade e que por isso, estimula a curiosidade chamando a atenção de quem a observa. Contudo, é importante recordar que um objeto de extrema dificuldade de classificação ou que estimula uma ambiguidade visual gera mais que uma atenção visual, uma sensação de desconforto e distração.

Fig.17 - Livros

A percepção do objeto não depende somente do elemento imediato da atenção visual. Todos os elementos que se encontram no campo visual são simultaneamente avaliados como um só elemento. O significado de algo é principalmente determinado por seu contexto. Quando olhamos a figura 19, percebemos que a figura 18 faz parte de uma pintura maior e que, agora, podemos interpretá-la como um todo. Esta simples exemplificação gráfica demonstra a importância do contexto para a informação, como um fator que condiciona a classificação e a interpretação dos estímulos sensoriais. O estímulo da consciência imediata é uma função de associação que pode ser executada pelo filtro das experiências e pela relevância das necessidades de informações do ambiente.

Fig.18 - Parte do quadro The Olive trees

Fig.19 - The Olive trees

O segundo dado para o processo de classificação das informações é a expectativa. Ela está associada à sequência de eventos. Se estivermos perdidos em uma cidade, nossa expectativa será que as ruas estejam posicionadas em uma ordem predeterminada e que as casas estejam numeradas em sequência. Ou se estivermos em um edifício onde houve uma falta de energia, nossa expectativa seria de encontrar as escadas de incêndio junto ao hall dos elevadores.

O terceiro componente fundamental do processo de percepção é o afetivo, que indica como cada estímulo afeta nossas emoções, como nos sentimos em determinadas situações e espaços. A percepção afetiva influi na quantidade de atenção que dedicamos a um elemento do campo visual. Um estímulo interessante ou agradável pode captar nossa atenção visual para examiná-lo em detalhes; enquanto um estímulo irrelevante ou sem interesse pode passar despercebido em nossa memória visual.

A percepção do objeto estabelece vinculações com as experiências anteriores, ativando a expectativa e provocando respostas emocionais. Em contrapartida, as expectativas influenciam na seleção do próximo objeto de atenção sensorial que poderá provocar qualquer emoção, desde alegria até medo.

"A qualidade afetiva da percepção determina a importância que vamos dar ao objeto, o qual, por sua vez, influenciará no impacto que terá ao recalibrar nossas experiências". (LAM, 1992)

O processo da percepção visual é um processo no qual está envolvido algo mais que somente o olho, já que, como consequência das experiências anteriores, o cérebro determina quais características dos objetos serão merecedoras de atenção. Não é necessária uma qualidade particular, como, por exemplo, o brilho ou o movimento, para atrair a atenção do indivíduo; às vezes, simplesmente depende do contexto, da relação objeto/fundo.

De acordo com Lam (1992), entre as necessidades biológicas, as informações mais importantes são:

⇒ Localização – com relação à água, comida, luz do sol, saídas de emergência, destinos. A localização espacial do indivíduo se faz através da visão e da audição. Os músculos que controlam a orientação indicam a direção dos olhos e da cabeça, passando as informações para o cérebro, que interpreta os sinais.

⇒ Hora – que se relaciona ao nosso relógio biológico.

⇒ Tempo – a necessidade de saber sobre o clima e a luz solar.

⇒ Construções – a segurança da estrutura, a localização e o controle do ambiente, a proteção contra o frio, o calor, a chuva etc.

⇒ Seres vivos – presença de plantas, animais e pessoas.

⇒ Território – as fronteiras que determinam o espaço interno.

⇒ Oportunidade de relaxamento – estímulo da mente, corpo e sensações.

3.1 Percepção de espaço e movimento

Para nossa própria proteção física, nosso sensor de orientação está conectado todo o tempo, inclusive quando estamos dormindo. A noção de espaço está essencialmente vinculada ao corpo e ao seu deslocamento.

O espaço físico pode ser descrito a partir dos três eixos das coordenadas cartesianas que delimitam o espaço em três dimensões, que podem ser facilmente intuídas, tomando como referência o nosso corpo e a sua posição no espaço. Assim, percebemos o espaço na dimensão vertical, que é a direção da gravidade e da posição em pé;

na dimensão horizontal, que é a da altura dos ombros, paralela ao horizonte visual; e na profundidade, que corresponde à projeção do corpo no espaço.

Diferente das dimensões horizontais e verticais, a profundidade leva mais tempo e necessita de maior informação para ser percebida. Na realidade, ela é indispensável para nossas movimentações e um simples gesto de pegar um copo de água em cima da mesa seria de grande dificuldade se não usássemos os indicadores de profundidade.

Através do esquema abaixo é possível identificar cada um dos fatores que influenciam na percepção da profundidade:

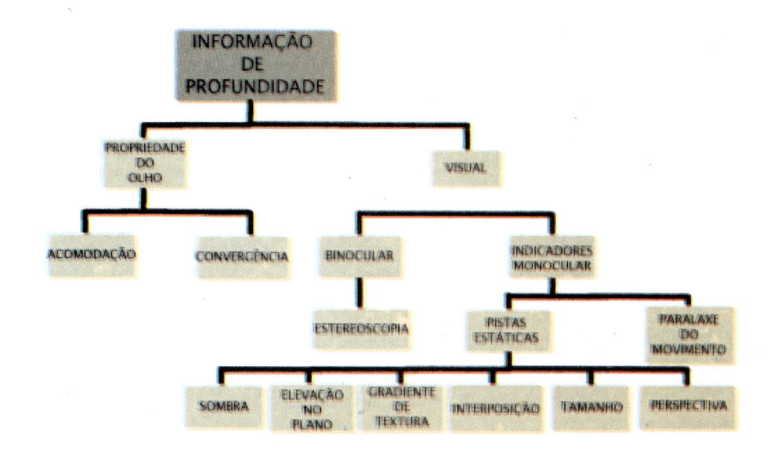

```
                    INFORMAÇÃO
                        DE
                   PROFUNDIDADE
                   ┌────────┴────────┐
              PROPRIEDADE          VISUAL
                  DO                  │
                 OLHO                 │
           ┌──────┴──────┐      ┌─────┴─────┐
      ACOMODAÇÃO   CONVERGÊNCIA BINOCULAR  INDICADORES
                                            MONOCULAR
                                   │        ┌────┴────┐
                              ESTEREOSCOPIA PISTAS  PARALAXE
                                           ESTÁTICAS   DO
                                                   MOVIMENTO
                          ┌────┬─────┬──────┬─────┬──────┐
                       SOMBRA ELEVAÇÃO GRADIENTE INTERPOSIÇÃO TAMANHO PERSPECTIVA
                               NO      DE
                              PLANO   TEXTURA
```

A percepção da profundidade é transmitida através das propriedades do olho, que já foram mencionadas no capítulo anterior (1.3), e de fatores visuais, como, por exemplo, os indicadores binoculares e monoculares que serão apresentados a seguir.

3.1.1 Indicadores Binoculares

A visão binocular ou estereoscopia resulta da captação por cada olho de uma imagem ligeiramente diferente do mundo observado. A imagem do campo visual de cada olho é superposta quase que completamente, permitindo a discriminação perceptual da localização espacial de objetos com relação ao observador. Este fenômeno, chamado de disparidade binocular, ocorre porque nossos olhos são separados um do outro por uma distância de 6,5cm, o que lhes dá pontos de vista diferentes do mesmo objeto.

Você mesmo pode fazer um teste e observar como cada olho vê um objeto de um ângulo um pouco diferente do outro. Coloque uma caneta bem próxima ao nariz, feche um dos olhos e deixe o outro aberto, depois troque. Você observará que pode ver um lado da caneta com um olho e o outro lado da caneta com o outro. Mais ou menos como na foto da figura 20.

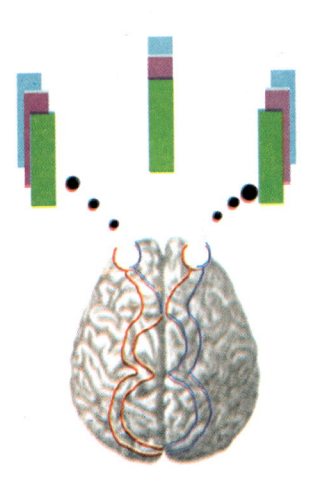

Fig.20 - Indicadores binoculares

Existem varias técnicas que conseguem fazer chegar cada imagem ao olho que lhe corresponde e criar a terceira dimensão a partir de uma figura plana; comentaremos aqui apenas as duas mais usadas.

Foi estudando o fenômeno da disparidade binocular que os físicos Charles Wheatstone e Sir David Brewster inventaram, independentemente, a técnica de recriar a impressão de profundidade a partir de uma imagem bidimensional. A técnica consistia em colocar duas imagens que correspondiam ao ponto de vista de cada olho, uma ao lado da outra, como se apresenta na figura 21. Para visualizar a imagem resultante, era necessário utilizar o instrumento óptico criado e conhecido como estereoscópio.

Fig.21 - The stereograph as an educator

Das diversas técnicas criadas a partir dos estudos da disparidade binocular, a técnica que tem sido mais utilizada é a Anaglifo, cuja imagem é formatada de maneira especial para fornecer um efeito estereoscópico quando vista com óculos de duas cores (vermelho para o olho direito e o ciano para o olho esquerdo), com cada lente com uma cor para chegar a cada olho a imagem que lhe corresponde (figura 22). A imagem é formada por duas camadas de cores sobrepostas, mas com uma pequena distância entre elas para produzir um efeito de profundidade (figura 23).

Propriedades Perceptivas ✳ 43

Fig.22 - Anáglifo

Fig.23 - Anaglyphic conversion of Image: Stereograph as an educator.jpg

3.1.2 INDICADORES MONOCULARES

Os indicadores monoculares ajudam o cérebro a converter uma imagem bidimensional em tridimensional. Esses indicadores são: tamanho dos objetos, gradiente de textura, perspectiva linear, elevação do plano, sombras e interposições.

TAMANHO DO OBJETO

Conforme o objeto se distancia do observador, menor é o tamanho da imagem projetada na retina. Esta diferença de tamanho é usada como um indicador de distâncias relativas.

Além disso, também usamos os tamanhos de objetos que são familiares para nos guiar ao considerar a distância em que eles se encontram. A experiência feita por Ittelson (1951) comprova essa teoria. Numa sala vazia e escura, foram apresentados a um grupo de pessoas três baralhos de cartas com tamanhos diferentes; o 1° baralho tinha o tamanho normal, o 2° era 2 vezes maior que o normal e o 3° era metade do tamanho normal. As pessoas julgaram que as cartas maiores estavam mais próximas delas e que as menores estavam bem mais longe.

Assim como ao olhar a figura das lâmpadas, presume-se que todas as imagens são relacionadas à mesma lâmpada, usando este tamanho já familiarizado em conjunto com os tamanhos de imagens projetadas na retina para ter a impressão de mudanças na distância relativa.

Fig.24 - Tamanho dos objetos

GRADIENTE DE TEXTURA

Quando se observa a textura de uma superfície, os elementos mais próximos parecem estar mais espaçados que os que estão mais afastados e estes se apresentam mais uniformes e compactados. As variações da distância com a textura de superfícies regulares fazem com que haja uma diminuição do tamanho e aumento da densidade do padrão da textura. Um bom exemplo é o das dunas de areia, que ao longe parecem lisas e uniformes, mas vistas de perto, é possível perceber a textura de suas superfícies.

Fig.25 - Textura

É importante salientar que uma mudança brusca na textura normalmente significa mudança de direção ou de distância de uma superfície. Na figura 26, observa-se que há uma mudança de gradiente quando há uma mudança do piso para a parede, assim como uma diferença de planos ao descer um degrau.

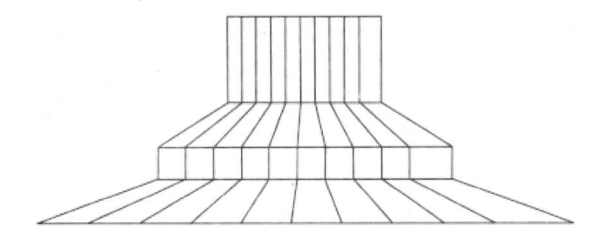

Fig.26 - Textura

PERSPECTIVA LINEAR

A perspectiva linear é um indicador de profundidade pictórica que pode ser visto como uma extensão da imagem na retina para informar as distâncias onde se encontram os objetos. Para melhor exemplificar, vejamos a figura 26; nela, podem ser observadas linhas paralelas que parecem convergir para um mesmo ponto, tais como as linhas de uma estrada. Os objetos que se encontram nestes planos, formados por essas linhas, também diminuem na mesma direção até desaparecerem no horizonte. Neste contexto, o horizonte fica na altura dos olhos, apesar do horizonte real ficar abaixo deste nível. Este é um efeito geométrico simples que acontece quando projetamos uma cena tridimensional em numa superfície bidimensional.

Fig.27 - Perspectiva

PERSPECTIVA AÉREA

Parte da luz que passa pelo ar é dispersa entre as minúsculas partículas de pó e umidade, e distribuída uniformemente criando uma imagem embaçada. A imagem de um objeto muito distante do observador, como, por exemplo, uma montanha, apresenta-se com cores menos vivas e um pouco turva.

Tais mudanças na aparência podem oferecer informações sobre a distância relativa de determinados objetos. Mas em algumas regiões, onde o ar é muito seco e limpo, o indicador de perspectiva aérea pode ser reduzido e os objetos parecerem estar mais próximos.

Fig.28 - Perspectiva aérea. Vista da Baía de Guanabara, Rio de Janeiro

ELEVAÇÃO NO PLANO

Como nossos olhos se encontram elevados acima do solo, existe uma diferença de altura no campo visual dos objetos em diferentes distâncias. Tomando como referência a linha do horizonte, os objetos que estão mais afastados dela são vistos como mais próximos do observador e os objetos mais próximos do horizonte dão a impressão de estarem mais longe do observador.

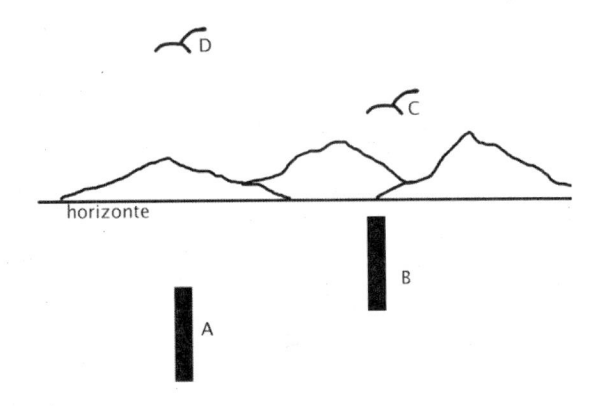

Fig.29 - Elevação no plano

SOMBRAS

Duas propriedades da luz nos ajudam a identificar os indicadores de profundidade: uma delas é que a luz não atravessa os objetos opacos e a outra, que os raios luminosos viajam em linha reta. O que informa que as faces dos objetos que estiverem na direção da fonte de luz estarão iluminadas e as que estiverem na direção contrária estarão escuros, na sombra. Os padrões variados de sombras podem ajudar a identificar o formato do objeto, além de criar volumetria nos objetos bidimensionais, "tornando-os" tridimensionais. (figura 30)

Propriedades Perceptivas * 49

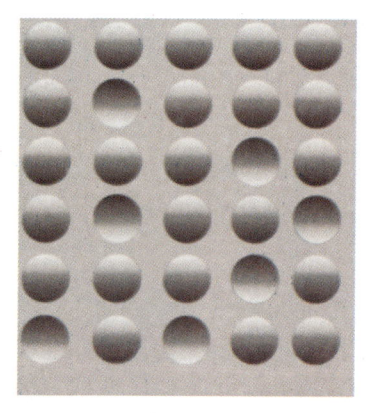

Fig.30 - Sombras

Além da sombra que é criada no próprio objeto, existe também a sombra do objeto projetada em outra superfície, como, por exemplo, parede e piso, que ajuda a identificar a que distância do plano horizontal o objeto se encontra. Uma sombra projetada saindo da base do objeto nos informa que o mesmo está apoiado no plano horizontal, já uma sombra projetada que se localiza distante do objeto nos informa que o mesmo está suspenso com relação a esse plano. Quanto menor a sombra, mais afastado ele está do plano horizontal e quanto maior a sombra projetada, mais próximo ele está desse mesmo plano.

Fig.31 - Sombras

INTERPOSIÇÃO

A maioria dos objetos não é transparente e os objetos opacos bloqueiam a visão de outros elementos que estejam atrás dele. Veja, a figura 32 indica que a cúpula mais baixa está na frente da cúpula mais alta porque está sendo parcialmente coberta por ela, mas não indica a que distância ambas as cúpulas encontram-se do observador.

Fig.32 - Interposição. Igreja del Carmen, México.

O indicador da interposição é tão forte que se apresentássemos apenas a figura 33 (a), pensaríamos que o retângulo está na frente do círculo.

Fig.33 - (a) Interposição   Fig.33 - (b) Interposição

MOVIMENTO

Até aqui, falamos de imagens paradas como fotografias e pinturas. A percepção do espaço não é estática. Estamos sempre movimentando os olhos ou observando objetos fora de nosso corpo movendo-se, tais como carros, pássaros ou pessoas. A percepção do movimento é a função da percepção visual mais importante e por razões óbvias, pois é essa função que nos permite distinguir a que velocidade e em que direção um predador ou presa se movimenta.

A percepção do movimento, também conhecida como paralaxe, consiste no aparente movimento dos objetos dentro de nosso campo de visão sempre que nos movemos. Quando estamos dentro de um veículo em movimento e olhamos pela janela, observamos que os postes que ficam ao longo da calçada, próximos ao meio-fio, passam muito rapidamente e parecem estar andando em direção contrária à nossa, já as árvores que estão longe, parecem mover-se na mesma direção que o veículo, só que mais lentamente.

Outra função até mais sofisticada da percepção do movimento é identificar maiores detalhes do objeto. Considerando que a visão de cada olho já nos dá duas informações sobre o mesmo ponto de vista, se acrescentarmos a possibilidade de ver a mesma escultura em movimento (tanto de rotação da própria escultura como nosso movimento ao redor dela), estaremos adquirindo uma maior quantidade de informações para, mais tarde, a identificarmos de qualquer ângulo que a vemos, ainda que seja uma visão parcial.

3.1.3 Ilusão de ótica

Na maioria das ilusões de ótica não se verificam ilusões reais dos sentidos, mas ilusões que surgem da interpretação habitual de um objeto, uma interpretação que, contudo, não é exata para o caso em questão e, consequentemente, é falsa. Neste caso, a impressão do sentido da visão, isto é, o registro ótico, é inteiramente correta, verificando-se a ilusão apenas no cérebro. As ilusões de ótica se dividem entre ilusões fisiológicas e ilusões cognitivas.

A ilusão fisiológica ou pós-imagem são estímulos específicos como luz, cor ou movimento que têm uma duração excessiva. A estimulação repetitiva de um só canal causa o desequilíbrio fisiológico que altera a percepção. A maioria dos efeitos pós-imagem é devida à "persistência visual" que acontece quando olhamos para uma nova imagem sem que tenha sido apagada totalmente da retina a anterior, ainda que o estímulo tenha desaparecido.

Ao olhar fixamente para o ponto negro no centro do círculo e movimentar a cabeça para frente e para trás, é possível perceber que esta imagem parece mover-se por um curto período de tempo.

Propriedades Perceptivas ✽ 53

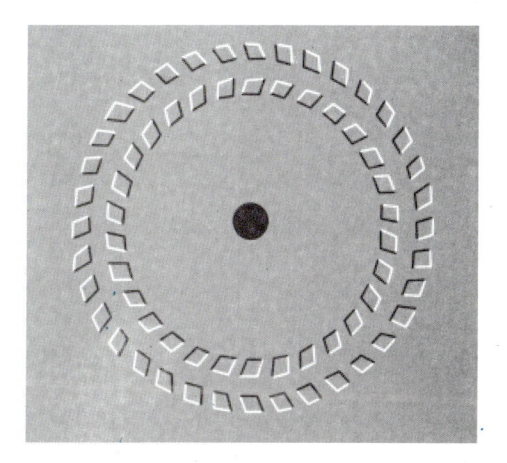

Fig.34 - Ilusão de ótica por movimento

Outro exemplo de ilusão fisiológica pode ser notado depois de uma prolongada exposição ao estímulo da cor, causando uma mudança na percepção da mesma. Ao olhar fixamente no centro do quadrado vermelho por um minuto e, em seguida, olhar para o espaço em branco ao lado, observa-se que há uma troca das cores, o quadrado interno é visto na cor verde-azulado e o quadrado externo na cor vermelha.

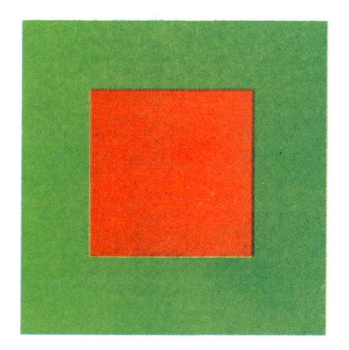

Fig.35 - Ilusão de ótica por cor

A vista adaptada a uma cor torna-se sensível à sua cor complementar. Essa sensibilidade aumenta de acordo com a duração da excitação dos cones até o ponto de saturação. Quando uma parte da retina é saturada pelo efeito de uma cor, a parte restante reage de várias maneiras, podendo até criar fisiologicamente a cor que lhe é contrária, como uma forma de dessaturação em busca do equilíbrio perdido.

Já as ilusões cognitivas ou sensoriais surgem da interpretação equivocada das suas impressões sensoriais que, baseadas na vivência passada, "enganam" nosso cérebro. São normalmente divididas em: ambígua, paradoxa e fictícia.

ILUSÃO AMBIGUA

Ao olharmos um objeto qualquer, estamos fazendo uma segregação entre ele e o fundo. Quando criamos uma ilusão ambígua, estamos, na verdade, interpretando uma mesma figura de duas formas diferentes. São as figuras ou os objetos que evocam uma troca preceptiva de interpretação.

A ilusão do vaso de Rubin é uma ambígua ilusão figura/fundo. Isto porque podem ser percebidas duas faces pretas olhando uma para a outra, num fundo branco ou um vaso branco num fundo preto. Note também que a face e o vaso nunca aparecem juntos. Sabemos que ambas estão ali, mas não podemos vê-los ao mesmo tempo, isto porque é impossível para nosso cérebro interpretá-los simultaneamente como figuras e fundos.

Fig.36 - Vaso Rubin

ILUSÃO FICTÍCIA

Nossa experiência de conhecimento de tamanho, cor e formato da maioria dos objetos que nos rodeiam fornece-nos uma estabilidade para a percepção do mundo, pois apesar da variação do tamanho da imagem na retina, apoiamo-nos nas propriedades desses objetos para avaliar o espaço ao redor. Esta constância dos objetos pode ser muito útil, na verdade, a usamos frequentemente em qualquer atividade que venhamos a fazer. Mas, sob circunstâncias especiais, pode levar-nos a um erro ou uma ilusão, neste caso, uma ilusão fictícia.

Albert Ames Jr., baseando-se nos estudos de Hermann Helmholtz, criou o quarto de Ames que consiste em um quarto distorcido construído de uma forma que brinca com a perspectiva de quem observa, dando a impressão de ter o formato cúbico normal quando, na verdade, tem forma trapezoidal. Com um lado mais próximo que o outro e uma ligeira inclinação do teto e do chão, cria-se a ilusão de que uma pessoa é gigante e a outra um anão.

Fig.37 - Quarto de Ames

Das ilusões, a mais espetacular é a ilusão da Lua, que aparece no horizonte maior do que quando está a 90° em relação à Terra, independentemente de ter sempre o mesmo tamanho geométrico. Isto porque quando a Lua se encontra no horizonte, existem muitos indicadores de profundidade atuando (texturas de gradiente, tamanho de objetos etc.) Quando a Lua é vista no alto, só há o céu. Isto é verificado nas fotos de paisagens de cidades com uma enorme Lua por de trás do prédio.

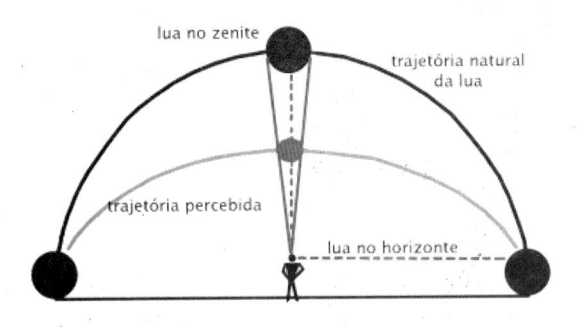

Fig.38 - Ilusão da Lua

ILUSÃO PARADOXAL

São geradas por objetos que são paradoxais ou impossíveis. As figuras impossíveis emergem da ambivalência perceptiva que resulta da convivência de pistas de profundidade localmente eficazes que se tornam, do ponto de vista global, incompatíveis. São figuras que não podem ser construídas em três dimensões.

A figura do tridente confunde quem tenta interpretá-la como uma figura de três dimensões. Deregowski (1969) descobriu que as pessoas que atribuíam a ela a terceira dimensão tinham maior dificuldade em reproduzi-la do que as que não tentavam impor a tridimensionalidade na imagem.

Fig.39 - Tridente

Estas duas figuras passam pelo mesmo processo - apesar de cada interseção ter algum sentido, as partes não podem ser fisicamente unidas. Temos uma forte ilusão de três dimensões porque não notamos como as partes se relacionam realmente.

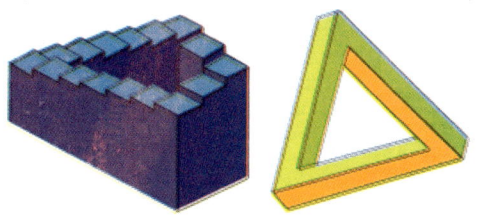

Fig.40 - Ilusão paradoxal

As figuras de Escher são as mais conhecidas neste tipo de ilusão. Maurits Cornelis Escher foi um artista gráfico holandês conhecido pelas suas litogravuras e xilogravuras que tendem a representar construções impossíveis. A figura 41 é uma criação baseada no quadro "Relativity" de Escher, feita com peças de Lego©.

Fig.41 - Ascending and descending Escher.

3.2 Percepção da cor

Como vimos no capítulo 1.1, a luz visível corresponde a uma faixa de radiação entre 380 e 780nm, a mesma faixa de comprimento de ondas que é captada pelos nossos olhos. A cor é proveniente da interação do espectro de luz com os receptores do olho. A especificação física da cor é associada às propriedades físicas do objeto, do material e da fonte de luz, tais como a absorção, reflexão ou composição do espectro.

Newton, quando mostrou que a luz era composta de diferentes comprimentos de onda, também comprovou que se não houvesse um observador, não haveria cor, já que a percepção do vermelho, azul ou verde pertence ao indivíduo que o observa.

TEORIA TRICROMÁTICA

Conseguimos distinguir as cores dos objetos porque temos uma visão tricromática do mundo. A visão tricromática é a capacidade do olho humano, e de alguns animais, de ver as três cores primarias de luz: vermelho, azul e verde, que se convencionou chamar de sistema RGB, sigla proveniente do inglês: *Red, Blue* e *Green*. Todas as cores que podem ser vistas pelo olho humano são, então, uma combinação de R, G e B em diferentes proporções.

Os cones são distribuídos de forma desequilibrada sobre a retina, 94% são do tipo R e G, enquanto apenas 6% são do tipo B. A presença de um terceiro cone é uma característica dos primatas. O terceiro cone que desenvolvemos, além de dar mais informação sobre cores, traz fundamentalmente uma melhoria na percepção dos contrastes.

De uma forma geral, as pessoas têm uma percepção das cores muito pouco diferente uma das outras. Mas alguns grupos, por terem algumas deficiências para a percepção das cores, têm dificuldade em descriminá-las. A mais drástica das deficiências é a incapacidade de identificar qualquer tipo de cor, são os chamados cegos para cores. Nestes, ocorre a total falta de funcionamento dos cones, somente os bastonetes funcionam, que por sua vez leva a uma diminuição na acuidade visual e a um desconforto ao estar sob a iluminação do dia.

Outra doença relacionada à identificação das cores ocorre quando apenas um tipo de cone funciona juntamente com os bastões. A pessoa que tem essa enfermidade pode ver tanto em condições fotópicas como escotópicas, mas ainda haverá a impossibilidade de descriminar as cores. Todas as cores são apresentadas para ela como uma graduação de intensidade, portanto, estes indivíduos são chamados de monocromáticos.

Já as pessoas que têm dois tipos de cones funcionando são capazes de perceber as cores, mas de uma forma diferente das pessoas que têm os três tipos de cones em funcionamento. Para esse grupo se dá o nome de dicromatas. Há três tipos de dicromatas, conforme a inoperância do tipo de cone. Pode ser bastante intenso se o cone inoperante for do comprimento das ondas longas (luz vermelha). Para este indivíduo, as cores do arco-íris se dividem em duas ou até três tipos, a cor amarela corresponderia a todas as faixas juntas do amarelo, laranja, vermelho e verde, já as cores azul e violeta são vistas distintamente.

Os dicromatas que têm a disfunção no cone que atende aos comprimentos de ondas médias (luz verde) podem distinguir a luz verde, mas não podem perceber a diferença de certas combinações de vermelho e azul.

O último tipo de dicromatas são os que têm a falta de percepção dos comprimentos de ondas curtas (luz azul). Estes veem a luz de comprimento de ondas longas como vermelho e as de comprimento de ondas curtas como azul-esverdeado.

Mas como seriam realmente as cores que um dicromata vê? Os pesquisadores Graham e Hsia (1958) fizeram um estudo com um indivíduo que tinha uma rara dicromacia, um olho tinha o funcionamento correto dos cones e no outro sofria da ausência de cones de comprimento de ondas médias. O esquema abaixo demonstra como o olho com defeito visualizava as cores; os comprimentos de ondas de 700nm a 502nm (do vermelho ao verde) pareciam pertencer ao mesmo tom de amarelo (570nm) e os comprimentos de ondas de 502nm a 400nm (do verde ao violeta) pareciam pertencer ao tom azul (470nm). A região que corresponde ao azul-esverdeado era percebida como uma cor cinza.

VISÃO NORMAL			
	NOMES DAS CORES		
400	VIOLETA	AZUL	EQUIVALENTE A 470nm
450	AZUL		
500	··········	CINZA	
550	VERDE		
600	AMARELO		EQUIVALENTE A 570nm
650	LARANJA	AMARELO	
700			
750	VERMELHO		

SIMULTANEIDADE DAS CORES

É um fenômeno da modificação que os objetos coloridos parecem sofrer na composição física e no valor de suas respectivas cores, quando vistas simultaneamente.

As cores podem parecer ter sua tonalidade modificada ou realçada se postas adjacentes a outras cores - este fenômeno é chamado de simultaneidade da cor. Quando vemos uma cor, nossa percepção é influenciada pelas cores que a rodeiam. Na figura 42, podemos ver como cada fila de quadrados centrais de mesma cor parece ter cores diferentes. O mesmo quadrado cinza se repete em todas as figuras, mas ele parece ser um cinza um pouco amarelado quando visto no fundo azul, parece um pouco esverdeado quando visto no fundo vermelho, no fundo verde ele parece ser um pouco avermelhado e no amarelo, um pouco azulado.

Fig.42 - Simultaneidade das cores

Colocar cinza ao lado de uma cor é torná-la mais brilhante e, ao mesmo tempo, equivale a tingir esse cinza com a cor complementar da cor a que foi justaposta. O preto rebaixa o valor de todas as cores justapostas, aumentando o vigor das cores claras até atingir o ponto de maior violência no contraste com o branco absoluto.

Isto ocorre porque as células da retina tendem a inibir a resposta das células adjacentes. No caso do fundo vermelho, temos a situação onde as células que correspondem à cor vermelha são ativadas e, em contrapartida, a ativação dessas células irá inibir as células vermelhas da área central onde se encontra o quadrado cinza. Como as respostas ao vermelho e ao verde estão sempre balanceadas, a inibição ao vermelho fará emergir sua complementar, o verde.

Outro exemplo de contraste simultâneo encontra-se na figura 43, onde é fácil observar que quando se colocam duas cores complementares muito próximas, realçam-se a intensidade e o brilho de ambas. Quando se comparam duas cores que não são diretamente opostas, cores que não são complementares, tem-se um efeito modificador e, inclusive, inibidor entre elas.

Fig.43 - Contraste simultâneo

Como a complementar de uma cor pertence ao gênero oposto, é fácil deduzir que duas cores, uma quente justaposta a uma fria, se exaltam reciprocamente, já que são influenciadas uma pela outra. Duas cores frias se esfriam mutuamente, pois cada uma é influenciada pela ação da outra. O vermelho cobre-se de azul e torna-se mais púrpura ao lado do laranja que fica mais amarelado.

OUTROS FATORES QUE AFETAM A PERCEPÇÃO DA COR

Além de todos os fatores que foram citados aqui, existem fatores cognitivos que podem interferir na percepção da cor, tais como a memória da cor, diferenças culturais e impressão da cor.

As cores que são lembradas são sempre muito mais intensas e brilhantes que as cores reais dos objetos. Quando são apresentados exemplos de cores em pedaços de papéis a uma pessoa e, depois, pede-se que ela escolha entre uma variedade de cores a cor que foi mostrada, ela geralmente escolherá cores muito mais luminosas, se a cor mostrada tiver sido clara, e muito mais escuras do que a apresentada, se a cor tiver sido escura. Inclusive os objetos que não estão diante de nossos olhos, mas que conhecemos de memória, como, por exemplo, um tomate ou uma maçã, são lembrados como um vermelho muito mais vivo que na realidade são.

Em todas as épocas, as sociedades organizadas atribuíam significados simbólicos às cores quase sempre com conotações mágicas. A variedade desses significados se vê intimamente ligada ao nível de desenvolvimento social e cultural das sociedades que os criam. Os diversos elementos da simbologia da cor, como em todos os códigos, resultam da adoção consciente de determinados valores representativos, emprestados aos sinais e aos símbolos que compõem tais sistemas ou códigos.

Para Pedrosa (1989), a simbologia da cor nos povos primitivos nasceu de analogias representativas. O vermelho que lembra o fogo e o sangue pode representar a força, o terror ou a morte, e por sua reminiscência, o luto. O amarelo que lembra o sol, o ouro e o fruto maduro é identificado com a ideia de riqueza e poder. O branco se relaciona com a luz, portanto, com a ideia, pensamento, pureza e paz. O preto, com a morte, escuridão, perigo e insegurança.

A maioria dos significados das cores guarda seu sentido original e é enriquecida conforme os povos vão evoluindo. A cada nova sociedade, os símbolos tornam-se mais requintados e abstratos, acompanhando as aspirações humanas. Ou seja, a ideia de poder, representada por um tapete vermelho de sangue, está na linha de desenvolvimento que leva à evocação do manto púrpura do imperador romano.

Da utilização da cor no ritual ao puro gosto pela cor vai um longo caminho de evolução social e psíquica, em que participam inúmeros elementos conturbados. Por isso, é tão difícil a definição do gosto estético em geral.

As diferenças culturais podem interferir diretamente na percepção da cor. Na língua portuguesa, as cores básicas são discriminadas como vermelho, amarelo, verde e azul, mas este não é o caso de todas as culturas. Em alguns idiomas, não há um nome separado para o verde e o azul ou para o vermelho e o amarelo. Outros, têm um nome apenas para o vermelho e não têm nomes para as demais cores. A tribo Lakuti tem um único nome para identificar a cor azul e verde; para alguns pesquisadores, como WHORF (1956), que veem uma relação direta entre a distinção da cor pelo nome e a percepção dessa mesma cor, eles provavelmente devem perceber esses tons como sendo muito mais parecidos entre eles do que os povos que distinguem cada cor por um nome diferente.

As cores produzem impressões sensoriais, sendo a mais conhecida delas classificar a cor azul como uma cor fria e a cor vermelha como uma cor quente. Talvez este tipo de relação deva-se aos elementos da natureza; a cor amarela, laranja e vermelho, por exemplo, nos remetem ao fogo proveniente da queima da madeira ou do papel, que por sua vez associa-se ao calor. Já os tons azulados, nos lembram a água de rios ou mares, remetendo-nos à sensação do frio.

As cores podem passar a impressão de um ambiente mais tranquilo ou agitado, alegre ou triste. Neste caso, a definição da cor que imprimirá essas sensações dependerá da cultura de cada lugar, já que seu significado pode variar conforme as tradições locais. Por exemplo, para alguns povos, o luto é representado pela cor negra, já para outros, pela cor branca. Os gregos consideram que todas as cores são igualmente refinadas, já os suecos consideram as cores saturadas mais vulgares que as não-saturadas (MAHNKE 1996).

Capítulo 4

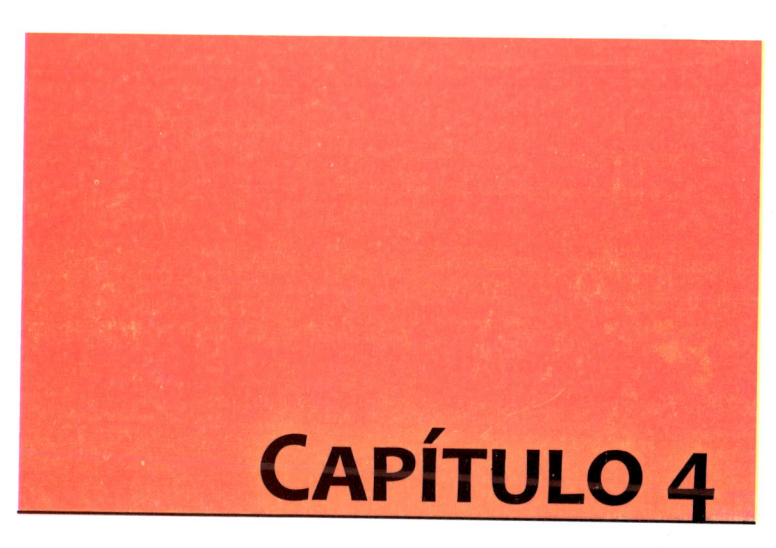

Teoria da Gestalt

No início, do séc. XX, os pesquisadores alemães Max Wertheimer, Wolfgan Kohler e Kurt Koffka, começaram a estudar os fenômenos da percepção humana, em especial a visão, baseando suas observações nas obras de arte. Queriam descrever ou medir suas propriedades, determinar exatamente a correspondência invariável de cada uma das sensações com a excitação de um aparelho receptor nervoso. A principal questão era como a percepção é organizada dentro de padrões, volumes e formas.

O grupo de pesquisadores formou, então, a Escola Gestalt de Psicologia. A palavra alemã Gestalt não tem uma tradução direta para o português, podendo significar a boa forma ou a forma como um todo.

Eles formularam algumas leis da Psicologia de percepção organizacional que governam o surgimento da imagem visual. A Teoria da Gestalt afirma que não se pode ter conhecimento do todo através das partes e, sim, das partes através do todo; que os conjuntos possuem leis próprias e estas regem seus elementos; e que só através da percepção da totalidade é que o cérebro pode, de fato, perceber, decodificar e assimilar uma imagem ou um conceito.

Para uma melhor compreensão, segue outro exemplo clássico utilizado pelos psicólogos da Gestalt. Quando ouvimos uma sinfonia, percebemos que ela é composta por várias partes, tais como o som de cada instrumento, ritmo e tonalidade musical. Essas "partes" nos trazem o estímulo auditivo que nos permite reconhecer a música tocada. Porém, a soma de tais partes - a própria sinfonia - não se resume aos tipos de instrumentos utilizados, nem ao ritmo em que a música é tocada; podemos tocar a sinfonia em outra clave musical (tom acima ou abaixo) e, mesmo assim, a qualidade do todo nos permitirá reconhecer a sinfonia. Isto porque o que percebemos é a relação entre as partes que compõem o todo. Cumpre acrescentar ainda que a melodia não existe, senão quando suas notas se sucedem em uma mesma consciência e não em consciências independentes, e com a condição de que os intervalos de tempo entre cada nota não sejam demasiadamente grandes. Ou seja, as notas musicais muito afastadas umas das outras ou percebidas por ouvintes diferentes não formam um todo perceptível.

Um exemplo visual do que foi dito seria as figuras bastante conhecidas que se encontram a baixo:

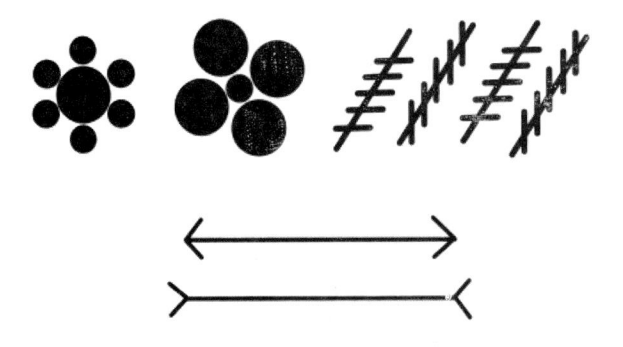

Fig.44

Um círculo parece maior que o outro porque são vistos nas dependências de sua composição com os outros círculos. O mesmo ocorre com as retas que parecem estar cada uma numa direção diferente, quando na verdade estão todas a 45° transpassadas por retas horizontais e verticais; ou as linhas horizontais que passam a sensação de terem tamanhos diferentes umas das outras.

Como os exemplos demonstram, o cérebro percebe relações entre os elementos e cada elemento é considerado uma unidade. A unidade pode resumir-se em um único objeto que se encerra em si mesmo ou fazer parte de um conjunto de elementos que relacionados fazem parte de um "todo". As figuras abaixo: círculo, os traços horizontais e os verticais são unidades, mas, quando dispostos em uma determinada ordem, formam um rosto que, por sua vez, pode ser considerado também uma unidade.

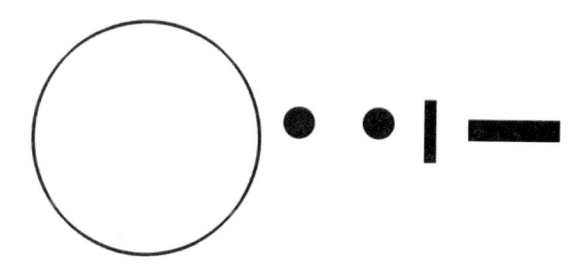

Fig.45

Fig.46

A Teoria da Gestalt afirma que o cérebro, quando age no processo da percepção, segue certas leis que facilitam a compreensão das imagens e das idéias. Os elementos constitutivos são agrupados de acordo com as características que possuem entre si.

4.1. Leis da Gestalt

4.1.1. Pregnância da forma

A forma é uma das características essenciais dos objetos. Refere-se especificamente aos limites das massas, aos corpos tridimensionais limitados por superfícies bidimensionais e às superfícies por contornos unidimensionais, como, por exemplo, as linhas.

Pregnância é a capacidade de perceber e reconhecer formas. Como já foi dito anteriormente, todos os elementos tendem a ser percebidos em sua forma mais simples: uma TV com antenas, por exemplo, pode tornar-se um quadrado e duas retas, um rosto pode ser um círculo e alguns traços horizontais e verticais. Quanto mais simples, mais facilmente é assimilada.

A simplicidade é o modo como se organizam os elementos e a estrutura total que define claramente o lugar e a função de cada um dos detalhes do conjunto. Kurt Badt define a simplicidade artística como a ordem mais fácil de compreender o essencial, ao qual todos os demais elementos devem subordinar-se. O grau de simplicidade afeta a percepção de uma configuração como figura e a rapidez com que ela é percebida. Quanto mais regular, mais rapidamente esta assume um caráter de figura (REIS, 2002). A simplicidade tende a uma composição satisfatória, pois as formas simples e regulares com elementos repetitivos são mais fáceis de ver.

Já as formas complexas levam mais tempo para serem decifradas e quanto mais cores diferentes forem acrescentadas à forma, maior será a dificuldade em interpretá-las. Numa composição mais complexa, existem mais focos de atenção, mais aspectos a serem explorados possibilitando diferentes pontos de vista e interpretações do observador. Mas conforme se aumenta a complexidade da composição, as formas tornam-se mais difíceis de serem decodificadas e, consequentemente, mais difíceis de serem entendidas.

Há uma preferência por formas complexas e essa preferência estaria relacionada ao fato de que os ambientes complexos contêm um maior número de informações que geram estímulos e mantêm a atenção, ou seja, fatores que são considerados como valores estéticos numa composição.

Fig.47 - Brasão

O conceito de pregnância é muito usado para criar uma marca gráfica, que deve ter um alto grau de pregnância na sua forma essencial, pois um de seus objetivos é ser reconhecida seja qual for o contexto.

4.1.1.1. LEI DA PREGNÂNCIA APLICADA À ARQUITETURA

Para as artes plásticas e a Arquitetura, o conceito de forma é frequentemente utilizado para denotar a maneira de dispor e coordenar os elementos e as partes de uma composição de forma a produzir uma imagem coerente. Neste conceito, a forma tem sentido de massa ou volume tridimensional e tem como propriedades o formato, tamanho, textura, cor, posição, orientação e inércia visual.

O formato refere-se mais especificamente à configuração ou à disposição relativa das linhas ou dos contornos que delimitam uma figura ou forma. Será o grau de contraste visual existente ao longo do contorno que separa a figura do seu fundo, permitindo o reconhecimento, identificação e classificação da edificação. Assim, organizamos a composição em dois grupos que se encontram em campos opostos, mas que trabalham em conjunto. Um grupo de elementos positivos, percebidos como figura, que neste contexto é visto como a edificação em si; e outro grupo de elementos negativos, que atuam como um fundo para essas mesmas figuras, podendo ser o espaço onde está inserida a edificação.

Podemos observar o prédio do Museu Guggenhime em Bilbao, onde não é possível resumir sua forma com poucos elementos geométricos, já que ele apresenta um alto grau de complexidade, com um grande número de elementos arquitetônicos diferentes e também um grande número de princípios ordenadores envolvidos. Sua complexa estrutura é composta por adição de volumes curvilíneos, contraste de formas, cheios e vazios, unificados pelo revestimento em chapa de titânio.

Se compararmos, apenas no nível volumétrico, o Museu Guggenhime e o Pavilhão de Portugal para a Expo 98, pode-se observar que é possível sintetizar este último definindo-o como 2 retângulos e uma linha. Pode-se dizer que o projeto de Siza é de uma extrema simplicidade em termos perceptivos, pois para manter a estrutura da composição, articula um número mínimo de elementos.

Aproveito para mencionar aqui que o grau de complexidade do projeto de Frank Gehry não se dá apenas pelo grande número de componentes, mas sim pela composição de elementos que formam sua estrutura. Para entender melhor esta afirmação, damos o exemplo do triângulo que, apesar de ter três elementos, é mais complexo que o quadrado que contém quatro. O quadrado regular tem seus quatro lados com igual medida e se encontram com uma igual distância do centro, seus quatro ângulos são iguais e os elementos que o compõem têm apenas duas direções (horizontal e vertical), resultando numa figura de alto grau de simetria com respeito aos quatro eixos. Já o triângulo é uma figura de elementos mais irregulares que variam em tamanhos e localização e podem não expressar simetria, apesar de serem em menor número que os elementos do quadrado.

Fig.48 - Museu Guggenhime de Bilbao

Fig.49 - Pavilhão de Portugal (Expo98)

A percepção e a compreensão de uma composição dependem da maneira como se interpreta a interação visual entre os elementos positivos e negativos dentro do campo visual. Às vezes, a relação figura-fundo é tão ambígua que dificulta a compreensão espacial. É o caso do interior do cassino Mohegun Sun. O teto inclinado formado por vitrais coloridos iluminados artificialmente, o piso desenhado imitando movimentos de água, elementos pendurados do teto combinados com objetos de decoração com formas e cores diferentes criam um ambiente de baixa pregnância e levam o visitante a uma dificuldade de orientação no espaço.

Fig.50 - Mohegun Sun Hotel e casino

Completamente diferente, encontra-se o interior do Palazzo Grassi, renovado para receber a coleção de arte de François Pinault. Nele, Tadao Ando adotou uma estrutura independente e neutra de forma e cor, que interfere o mínimo possível nas características do interior do edifício, mas, ao mesmo tempo, estabelece as condições necessárias para expor a coleção. Mesmo que o visitante possa ver parte do interior original, no caso o teto muito bem ornado, isso não interfere na percepção de orientação espacial e na compreensão dos objetos expostos.

Fig.51 - Palazzo Grassi

Como foi possível observar pelos exemplos dados, a pregnância pode ser da forma em si do objeto ou do contexto no qual ela está inserida.

4.1.1.2. LEI DA PREGNÂNCIA APLICADA À ILUMINAÇÃO

O uso de efeitos de iluminação sobre um objeto ou um espaço também facilita ou dificulta a delimitação das formas. A iluminação natural prejudica a percepção do formato esférico do Rose Center For Earth and Space, em Nova Iorque. O jogo de luz e sombra da estrutura cúbica externa, mesmo não intencional, pode criar dificuldade na definição da forma do elemento interno pela predominância da figura do cubo em vidro. Já quando cai a noite, a iluminação artificial é acesa e a esfera passa a ser a forma principal. Independentemente de serem iluminados por fonte natural ou artificial, os elementos são de fácil compreensão, pois quanto mais simples as partes, tanto mais claramente tendem a se separar como entidades independentes.

Fig.52 - Rose Center

Fig.53 - Rose Center

O uso da iluminação facilita a leitura das horas na torre MetLife de Nova Iorque. Claro que sem qualquer foco de luz, se tornaria impossível visualizar o relógio à noite, mas o tipo de iluminação escolhida favoreceu a compreensão das formas dos números e dos ponteiros, permitindo que o relógio se destacasse sozinho no meio da escuridão. Ainda que se escolhesse iluminar com projetores diretamente o relógio, não seria possível visualizar com tanta clareza as horas, já que até mesmo de dia, fica difícil identificar os números pelo baixo contraste entre o fundo e os ponteiros.

Fig.54 - Torre Met Life   Fig.55 - Torre Met Life

4.1.2. Proximidade e semelhança

PROXIMIDADE

O ser humano tende a integrar em um todos os elementos óticos próximos uns dos outros. Os elementos que estão mais perto de outros numa região tendem a ser percebidos como um grupo.

Olhando para o desenho, observamos que as bolas estão mais próximas entre si na horizontal do que na vertical, o que nos faz ver quatro colunas. Mas como também há um espaço maior entre a 2° coluna e a 3° percebemos, na verdade, dois grupos de 2 colunas.

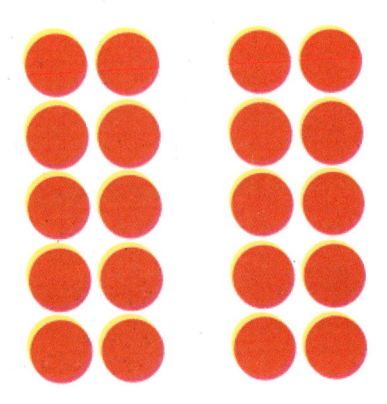

Fig.56 - Proximidade

SEMELHANÇA

O princípio da semelhança, ou "similaridade", baseia-se em objetos que tenham a mesma característica visual, como, por exemplo, formato, tamanho, cor, textura ou orientação, como tendendo a pertencer a um mesmo grupo. A igualdade de uma dessas características constitui um fator organizador. "A semelhança é um fator mais forte de organização que a proximidade. A simples proximidade não basta para explicar o agrupamento de elementos, é necessário que estes tenham qualidades em comum." (Gomes, 2004. p.24)

A figura 57 é um exemplo de similaridade de forma. Vemos que os círculos, assim como os quadrados, dão a impressão de duas linhas verticais de formatos diferentes, mesmo que todas as colunas estejam equidistantes umas das outras.

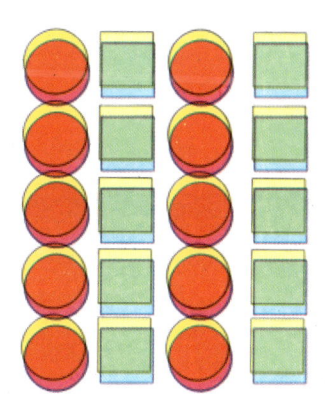

Fig.57 - Semelhança

A figura (a) mostra uma série de desenhos geométricos, todos da mesma cor e mesmo formato, mas com tamanhos e orientações diferentes. Apesar dessas diferenças, a forma é o fator de agrupamento que permite ver toda a figura como uma única unidade. No momento em que se escurecem alguns traços, a forma deixa de ser o principal elemento de semelhança, passando esta função para a cor. Assim, os elementos horizontais e verticais da mesma cor agrupam-se.

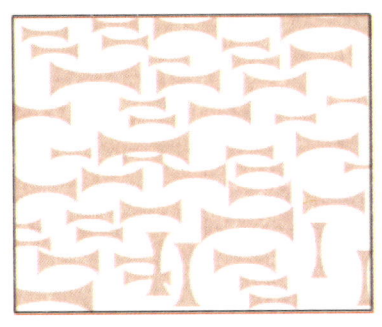

Fig.58.a - Figura a   Fig.58.b - Figura b

Consideramos que os conceitos de proximidade e semelhança, quando analisados no contexto da arquitetura e da iluminação, muitas vezes se completam e por isso serão apresentados juntos.

4.1.2.1. LEI DA PROXIMIDADE E SEMELHANÇA APLICADA À ARQUITETURA

A repetição de um componente arquitetônico forma grupos de elementos que criam um padrão harmonioso à edificação e é um recurso usado para organizar formas e espaços na Arquitetura.

"A forma mais simples de repetição é um padrão linear de elementos redundantes. Os elementos não precisam ser perfeitamente idênticos, entretanto, para serem agrupados de uma maneira repetitiva podem ter apenas um traço ou denominador comum, permitindo que cada elemento seja individualmente único e ainda assim, pertença à mesma família – tamanho, formato, característica de detalhes" (CHING, 1999).

Os elementos que geram o ritmo de uma composição podem ter importâncias equivalentes, através de dois ou mais elementos que se repetem regular e uniformemente, ou podem ter níveis diferenciados de importância através da repetição irregular de dois ou mais elementos, alterando, inclusive, algumas de suas características como, por exemplo, forma, tamanho, orientação ou distância. No caso dos elementos irregulares, para que se possa considerar parte do mesmo grupo, há a necessidade de ter um número maior de repetição.

Em um edifício, cada elemento tem um tamanho determinado, porém, percebemos o tamanho de cada elemento em relação às outras partes e ao todo de sua composição. Os sobrados de Lençóis e de Ouro Preto dão um perfeito exemplo - o tamanho e a proporção de suas janelas estão visualmente relacionados entre si, assim como os espaços entre elas e as dimensões globais da fachada, onde a sequência desses elementos forma um único grupo (figura 59). As chaminés de Gaudí também nos dão a percepção de que estão formando um único elemento (figura 60).

Fig.59 - Ouro Preto, Brasil

Fig.60 - Chaminés da La Pedreira, Espanha

Fig.61 - La Caixa, Espanha

Um arranjo curioso seguindo os princípios de semelhança/proximidade pode ser observado no prédio do banco "La Caixa", em Barcelona, onde todas as fachadas são formadas por esquadrias quadradas que seguem a proporção, em menor escala, do próprio edifício (figura 61).

É possível criar padrões rítmicos mais complexos ao introduzir pontos de ênfase ou intervalos excepcionais em uma sequência. Tais acentos ou marcações ajudam a diferenciar entre os temas maiores e menores de uma construção.

No caso de Alhambra (62), o arco central, além de enfatizar a sequência, demarca o eixo de simetria e assinala a hierarquia dos elementos, indicando a porta principal de entrada do edifício. Neste caso, a estrutura de ritmo hierarquizado produz um alto grau de valor estético evitando uma possível monotonia em sua aparência. A hierarquia é um fator poderoso de unificação, permitindo uma inteligibilidade de um padrão visual.

Fig. 62 Alhambra. Granada

4.1.2.2. Lei da proximidade e semelhança aplicada à iluminação

Aplicando boas técnicas de iluminação, pode-se criar uma composição ritmada a partir destas duas leis.

Criando contraste entre a parede do edifício, com alto nível de **iluminação**, e os pilares às escuras, os elementos de repetição passam a ser os retângulos delimitados em sua parte superior pelo entablamento, em sua parte inferior pela base e as laterais pelas colunas. (fig. 65)

Também poderiam ser iluminados de forma inversa, direcionando luz para as colunas e mantendo a parede do edifício apagada, desta forma as colunas se tornariam o elemento de repetição.

Fig.63 - San Francisco City Hall

A composição ritmada do Supremo Tribunal Federal (STF) apresenta uma ordem alcançada por meio da repetição dos delicados pilares que sustentam o elemento de união da construção. A iluminação com lâmpada de vapor metálico e temperatura de cor fria facilita a uniformidade da cor e realça o mármore branco, criando um alto contraste destes elementos contra o volume envidraçado, que se torna um bloco opaco e escuro. A iluminação destaca as suaves linhas do edifício de Oscar Niemeyer.

Fig. 64 Supremo Tribunal Federal

A ordem é obtida por meio da repetição da silhueta dos perfis humanos alinhados e todas as partes têm importâncias equivalentes, constituindo uma estrutura homogênea. A formação deste grupo acrescenta textura à parede do monumento do Memorial 11 de setembro Staten Island devido à fraca percepção dos limites conseguidos através da suave iluminação de contraluz.

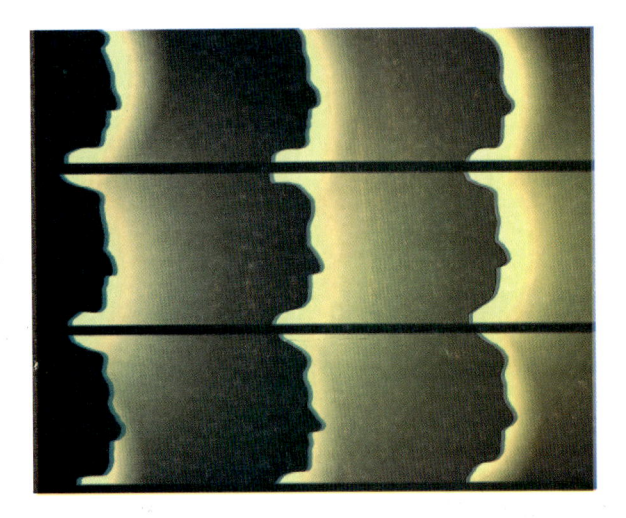

Fig.65 - Memorial 11 de setembro Staten Island

O princípio de proximidade e semelhança não necessariamente precisa ser estático, a iluminação, seja ela artificial seja natural em conjunto com elementos arquitetônicos, nos oferece esta flexibilidade. Na universidade projetada por Siza, o princípio da similaridade por forma pode ser observado no formato circular da claraboia e da janela interna. Em um determinado horário do dia, temos duas formas circulares fixas, onde uma delas pode transmitir luz ou não, e uma terceira, proveniente da luz natural que atravessa a claraboia e forma uma mancha circular de luz no piso, que se une a este conjunto.

Fig.66 - Escola Superior de Educação – Portugal

4.1.3. Continuidade

O princípio da continuidade descreve a preferência pelos contornos contínuos e sem quebra, ao invés de outras combinações mais complexas. Tende-se a agrupar em uma figura as formas que se manifestam em uma direção contínua ou em um determinado alinhamento. Toda unidade linear tende a se prolongar na mesma direção e com o mesmo movimento.

Nós percebemos a figura (1) como duas linhas cruzando-se, ao invés de 3 linhas que se unem no centro. Já na figura (2), o segmento A e B são percebidos como uma única linha e C, uma segunda linha.

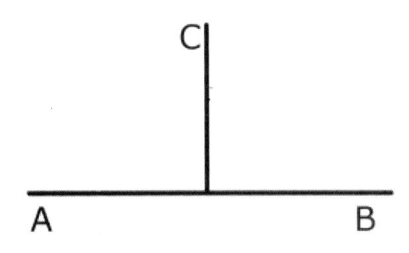

Fig.67 - Figura (1)

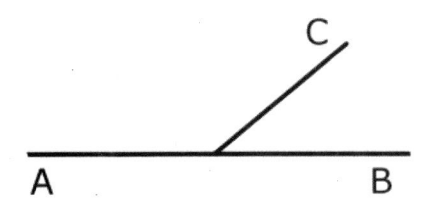

Fig.68 - Figura (2)

4.1.3.1. LEI DA CONTINUIDADE APLICADA À ARQUITETURA

Pode-se encontrar nos projetos de Le Corbusier e Mies Van de Rohe bons exemplos do princípio da continuidade - neles, não se veem ornamentos que rompem com a direcionalidade da reta ou do arco. Neles, os elementos arquitetônicos não são interrompidos ou seccionados.

Fig.69 - Pavilhão Alemão – Barcelona

Fig.70 - Vila Savoye

Na arquitetura, este princípio se sobressai quando se rompe com a continuidade da forma esperada que um edifício tenha. Quando outro elemento interfere na direcionalidade do telhado da casa ou do alinhamento da parede, transforma-se num ponto de atenção. Por exemplo, no observatório do Porto, a parede externa é interrompida por uma parte da cúpula interna que avança sobre a calçada.

Fig. 71 Planetário da Universidade do Porto – Portugal

Os telhados de duas águas, quando interpretados em sua forma mais simples, se resumem a duas retas que se encontram em um ponto qualquer com um ângulo de 30 a 60 graus entre elas. Qualquer objeto que interrompa o seguimento desses elementos preconcebidos está quebrando sua continuidade.

É o que acontece no edifício projetado por Phillip Johnson - o círculo inserido entre as duas retas que delineiam o telhado é percebido como um elemento que rompe este seguimento. Na realidade, quando se rompe com a continuidade da forma, cria-se um forte foco de atenção, pois é um elemento contrastante e diferente do resto da composição.

Fig.72 - AT&T – Philip Johnson e Alan Ritchie Architects

O mesmo ocorre com a fachada principal da capela de São Basil, projetada pelo mesmo arquiteto. O plano vertical completamente liso e branco, sem nenhum elemento decorativo, tem sua estabilidade rompida por um corte próximo a um dos cantos e como se uma folha de papel fosse, é feita uma abertura que, ligeiramente dobrada, forma a porta principal de entrada.

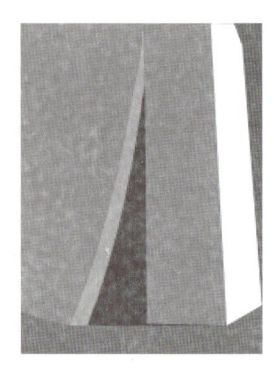

Fig.73 - Chapel of St. Basil, University of St. Thomas – Philip Johnson e Alan Ritchie Architects

Assim também como o beiral da casa da figura 74 que mudou sua direção para abrigar uma janela no sótão. A descontinuidade pode aparecer não só em linhas e volumes, mas em texturas e cores. Nesta mesma figura, observa-se que o revestimento que cobre toda a casa tem uma modificação drástica em parte da fachada. Do emboço uniforme pintado de branco, entreveem-se os tijolos estruturais.

Fig.74 - Casa austríaca

4.1.3.2. LEI DA CONTINUIDADE APLICADA À ILUMINAÇÃO

Exemplos de projetos de iluminação que rompem com a continuidade são mais complexos de execução, já que a luz não muda sua trajetória. Portanto, vamos apresentar projetos que apresentam continuidade.

A capela da Praça da Ação de Graças, em Dallas, projetada por Philip Johnson e Alan Ritchie, tem o teto em espiral com fechamento em vitral que oferece uma chuva de cores ao visitante que olhar para cima. Foi desenhada para retratar o avanço da luminosidade e da força das cores conforme a espiral alcança o centro, onde culmina numa explosão de luz.

Fig.75 - Thanks-Giving Square – Philip Johnson e Alan Ritchie

Motoko Ishii, que projetou a iluminação da ponte Akashi-Kaiakyo, conseguiu tornar a construção em um ponto de referência, dando-lhe uma dinâmica de movimento com a luz. Os cabos que sustentam a ponte são programados para ter 28 padrões de iluminação. Durante a semana, quatro cores aparecem em sequência: amarelo, verde, azul e rosa. Durante o fim de semana, ficam apenas duas cores: azul e verde, mas a cada hora, por 5 minutos, os tirantes são iluminados com uma sequência das cores do arco-íris, criando uma continuidade através do movimento e da dinâmica das cores.

Fig.76 - Akashi-kaikyo bridge

4.1.4. Fechamento

O princípio do fechamento é aplicado quando tendemos a ver uma figura completa mesmo quando parte da informação está faltando. Na figura 77, vemos três círculos pretos cobertos por um triângulo branco, ainda que pudessem ser apenas três círculos incompletos juntos. Nossa mente reage a padrões que são familiares, mesmo que recebamos informações incompletas. Isto poderia ser um instinto de sobrevivência que nos permite completar a forma do predador mesmo sem ver a figura completa do animal.

As forças de organização dirigem-se para uma ordem espacial, que tende para a unidade em todos fechados, segregando uma superfície, tão completamente quanto possível do resto do campo. Apesar de não haver uma única linha que una as manchas da figura 78, vemos perfeitamente a forma de um cachorro.

Fig.77 - Triângulo

Fig.78 - Dálmata

4.1.4.1. LEI DO FECHAMENTO APLICADA À ARQUITETURA

O centro cultural Jean Marie Tjibaou é composto de 10 unidades de cabanas, todas de diferentes tamanhos e com diferentes funções. Sua forma parece com as cabanas tradicionais da vila de Caledônia e tem uma aparência de inacabada, como um lembrete de que a cultura Kanak ainda está em processo de desenvolvimento. Não é necessária a finalização de sua forma, é possível "visualizar" o seu contorno ainda que não haja uma linha de fechamento na parte superior do edifício.

Fig.79 - Centro Cultural Jean Marie Tjibaou

O projeto do centro Wexner reflete a história do local - o edifício incorporou uma grande torre de tijolos inspirada no Arsenal, uma estrutura semelhante a um castelo que foi destruído por um incêndio em 1958. Com a intenção de dar a ideia de algo inacabado, partes do edifício têm suas linhas e volumetrias por fechar.

Fig.80 - Wexner Center

4.1.4.2. Lei do fechamento aplicada à iluminação

O edifício se apresenta de duas formas diferentes quando comparamos a aparência que tem à noite e a que tem de dia. À luz do dia, a construção não pode insinuar-se, ela se apresenta exatamente como ela é, por inteiro, não há como disfarçar ou esconder nenhuma de suas partes. Já à noite, a iluminação pode ser sua maior aliada, aplicando-lhe uma "maquiagem" que pode destacar suas qualidades. É possível escolher partes do monumento e enfatizá-los em uma determinada ordem, de forma a não revelar o todo, mas apenas pedaços. Ainda assim, nossa mente completará a forma.

A iluminação da ponte Kuokkala, na Finlândia, é um exemplo desta aplicação. Os pilares e um pequeno trecho da lateral da viga são iluminados, permitindo-nos ver pedaços não contínuos da ponte, da mesma forma como não vemos todas as linhas que compõem a silhueta do cachorro na figura 78. Mas os trechos iluminados já são elementos suficientes para nossa mente compor a estrutura e visualizar onde começa, que direção toma e onde termina.

Fig.81 - Ponte Kuokkala

A torre da praça da prefeitura de Orlando com 60m de altura é composta de painéis de vidro laminado e aço inoxidável, com cada um dos painéis tendo um desenho jateado em formato de "pétala". Ela é iluminada por um programa de computador em três diferentes níveis que acentuam sua forma botânica. A base da torre tem um alto nível lumínico que vai decrescendo até alcançar 2/3 da escultura e a partir daí, é deixado um trecho sem iluminação voltando a ser iluminada apenas no topo. Os trechos "em branco" serão preenchidos por nossa mente, pois a escultura apresenta início e fim, ainda que em níveis lumínicos diferentes.

Fig.82 - Orlando City Hall Plaza

Usar a iluminação como meio de insinuação do formato da arquitetura é a maneira mais comum de aplicar o princípio do fechamento. No Frankenthal Historic Center, a sobriedade da luz azulada aplicada à fachada dificultaria a identificação das janelas se não fosse a iluminação parcial dos arcos em tonalidade contrastante.

Fig.83 - Frankenthal Historic Center

Na iluminação do paisagismo também se vê este mesmo princípio. Pela dificuldade que seria iluminar completamente as árvores de grande porte e pelo custo que isso implicaria, o iluminador pode optar por iluminá-las parcialmente, permitindo que a luz "vaze" por entre os galhos e as folhas, deixando ainda uma grande parte da copa apagada, mas permitindo ao observador ter uma boa noção do formato e da espécie da árvore.

Fig. 84 Iluminação de paisagismo

Capítulo 5

Luz e Arquitetura

Nossa experiência de luz desenvolve-se da mesma forma que se desenvolve nosso processo perceptivo sobre qualquer objeto - através das características fisiológicas do indivíduo, aspectos histórico-culturais e da memória que está afetada pelas experiências prévias do sujeito. Aprendemos durante nossa infância como as formas se revelam na luz e o que cada uma delas significa. Uma pessoa que viveu sua vida toda na caatinga do Nordeste brasileiro ou no deserto do Atacama não sabe como é a percepção da luz filtrada pelas árvores da Amazônia. É evidente que a televisão tem ajudado a difundir bastante essas informações, tornando-as imagens arquétipos que a humanidade compartilha, contudo, ainda que tenhamos esses conhecimentos eles não se alojam mais profundamente dentro de nós por nos faltar a vivência desta experiência.

As imagens da natureza podem ser uma fonte poderosa de inspiração para os *lighting designers* que desejam usar a luz como poesia. A partir do tipo de iluminação, seja ela intensa, filtrada, seja fraca, das características das sombras, do tipo salpicada, mesclada, suavizada ou fragmentada, da direção da fonte de luz e de sua cor, é possível reproduzir uma iluminação dentro de uma edificação que evoque uma imagem da natureza.

A luz se tornou um material à disposição do arquiteto para definir espaços, enfatizar volumes, criar atmosfera e transmitir uma mensagem. Iluminar não é apenas aplicar as frias regras predefinidas, mas integrar técnica e criatividade. A luminotécnica precisa de informações detalhadas sobre a Arquitetura. É preciso considerar os detalhes da estrutura e as características do edifício, saber o grau de reflexão e as cores das superfícies, as zonas perimetrais do espaço e o tipo de mobiliário previsto para o ambiente, e, assim, permitir que as formas espaciais, subdivisões, modulações e ritmos possam expressar-se claramente por meio da luz e das luminárias.

A Iluminação arquitetônica pode ser uma forma de interpretação da Arquitetura, uma maneira de apresentar a edificação de formas diferentes sem modificar sua estrutura. Neste caso, a luz e a luminária contribuem de maneira importante para o desenho estético da construção. A luminária pode ter uma função de apoio, um meio auxiliar para fazer visível a estrutura arquitetônica contribuindo para o efeito desejado ou tornar-se ela mesma um componente do desenho do espaço. Atuando como apoio, as luminárias se integram à arquitetura sendo embutidas no teto, exercendo um efeito quase exclusivamente através da luz que proporcionam e como elemento principal, podem ser acopladas à arquitetura como estruturas luminosas, com a própria instalação convertendo-se em elemento arquitetônico.

A única ressalva que se faz é a iluminação de edifícios históricos que requerem cuidados e intervenções harmoniosas a fim de evitar interpretações que contrastem com o espírito da arquitetura original. Nestes casos, tenta-se fazer com que as luminárias desapareçam, escondendo-as o máximo possível e deixando que a luz fale por si própria.

Um dos pioneiros destes conceitos foi Richard Kelly, que criou seus projetos baseando-se na percepção. Kelly se libertou dos fatores condicionantes que fizeram da iluminância critérios essenciais da luminotécnica. Trocou a quantidade de luz por suas qualidades individuais e uma série de funções da iluminação dirigidas ao observador que percebe a realidade. O ponto central do conceito de seus projetos é: luz para ver, luz para olhar e luz para contemplar.

Outro *lighting designer* que atuou na mesma época de Kelly foi William Lam. Lam (1992) foi o primeiro a definir os requisitos de um sistema de iluminação orientado à percepção visual. Designou primeiramente que o grupo das necessidades das atividades do observador são estes: ler, usar o computador, dirigir um carro ou executar qualquer outra tarefa que requer algum tipo de informação.

As informações referem-se às dimensões relativas do ambiente, à situação espacial de objetos e pessoas, se a tarefa visual implica em movimento, se os pequenos detalhes são importantes, à necessidade de grandes contrastes ou à identificação precisa das cores.

O segundo grupo designado foi das necessidades biológicas. Enquanto que as necessidades da atividade apontam para a funcionalidade do entorno visual, as biológicas englobam as necessidades inconscientes que são essenciais para a valorização emocional de uma situação. Este segundo grupo se preocupa com o bem-estar da pessoa no entorno visual. Lam acredita que só em momentos de muita concentração dirigimos nossa atenção à tarefa, mas que na maioria das vezes, nossa atenção visual se dirige e se estende à observação de nosso entorno global.

A avaliação emocional que fazemos de um local dependerá do grau de dificuldade de enxergarmos as informações que buscamos. Por exemplo, podemos avaliar negativamente um aeroporto se não formos capazes de ler as informações contidas nas placas de orientação por má iluminação dos corredores.

O grupo das necessidades biológicas exige três requisitos básicos: orientação espacial, visibilidade e claridade das estruturas, e o equilíbrio entre as necessidades de comunicação e a privacidade.

A orientação espacial é um dos requisitos que o entorno visual deve informar de maneira clara e direta. A orientação se refere à definição do objetivo e das mudanças de direção para se chegar a ele, como, por exemplo, o local deve indicar claramente as entradas e saídas, além das opções de caminhos, seja este espaço uma recepção, um escritório, seja uma loja de departamento. Agregam-se à orientação aspectos do meio ambiente, tais como a hora e o tempo meteorológico. Se faltarem essas informações, o que ocorre muitas vezes em shoppings e grandes edifícios, o entorno será percebido como artificial e sufocante. Uma maneira de satisfazer essas necessidades é a existência de clarabóias ou coletores de luz que, apesar de não oferecerem a função panorâmica, permitem visualizar o transcurso do dia e da meteorologia.

O segundo requisito - a visibilidade e a claridade das estruturas - deve passar a sensação de segurança, pois a iluminação permitirá que todo o entorno, forma e construção arquitetônica circundante possam ser reconhecidos com clareza. Em lugar de uma torrente informativa confusa e, às vezes, contraditória, os espaços se apresentam como um conjunto visual de características claramente ordenadas.

O terceiro requisito, a necessidade de comunicação e privacidade, refere-se à necessidade do ser humano de ter espaços que facilitem o contato com outras pessoas, mas que ao mesmo tempo delimitem uma zona de privacidade. Essas zonas de privacidade podem ser criadas por meio de ilhas de luz que ressaltam uma mesa ou um balcão de atendimento dentro de um espaço maior.

A própria história da arquitetura é quem tem ensinado a usar a iluminação a favor do homem e através dos tempos, ela vem transformando-se para levar o máximo de luz ao seu interior. Basta olharmos a evolução das construções, nos templos gregos, nas quais o ritmo definido pelas colunas diminuía a intensidade da luz natural. No panteão, a iluminação provinda de uma abertura circular no teto na parte central da edificação, reflete nas paredes laterais e ganha uma qualidade difusa. Na igreja gótica, o vão se converte em elemento translúcido e colorido, tornando-se agente transformador da luz. Posteriormente, a iluminação colorida desaparece na Renascença, que valoriza a luz branca indireta. No barroco, a luminosidade se torna o ponto central do projeto e tudo passa a ser idealizado em função da luz.

5.1. Luz e forma

A iluminação tem a faculdade de mudar a percepção que temos de um objeto. A volumetria dos diferentes elementos que compõem um edifício não é marcada apenas pela luz, mas principalmente pela sombra. Luz e sombra são dois lados da mesma moeda, não se pode pensar em forma e volume sem considerar as sombras e suas projeções.

Desde tempos antigos, já se tinha o conhecimento de seu poder, pois os egípcios esculpiam as paredes baseando-se na iluminação. Os heliógrafos desenhados na fachada apresentavam-se em relevo, contornados por sucos, como um delineador. Se os heliógrafos fossem desenhados apenas em alto relevo, num dia de iluminação difusa se teria maior dificuldade em lê-los, já que poderiam vir a se confundir com o fundo. Com o uso do "delineador", o alto relevo da figura sombreava o suco, facilitando sua leitura (figura 85).

Fig.85 - Fachada do templo de Isis – Ilha Philae

Fig.86 - Interior do templo de Isis – Ilha Philae

Já nas paredes internas como o único tipo de iluminação era proveniente do fogo, ou seja, uma iluminação pontual direcionada, era preciso desenhar apenas em alto relevo, sem a necessidade de "delinear" a figura (figura 86).

Com a luz, podemos criar novas formas para um objeto, é possível diminuí-lo de tamanho, aumentá-lo, inclusive esculpi-lo conforme o interesse do arquiteto.

No Nagasaki Memorial, no Japão, Kaoru Mende utilizou a luz para criar uma falsa transparência do tanque de água, duplicando a altura das paredes de vidro, como se estivesse permitindo que o observador visse a altura real destes elementos iluminados. Como podemos ver, as duas paredes estão apoiadas no interior subterrâneo do memorial. A composição final nos emociona ainda mais quando sabemos que o efeito destes 70.000 pontos de luz feitos com fibra ótica representa as vítimas do holocausto.

Luz e Arquitetura ✹ 111

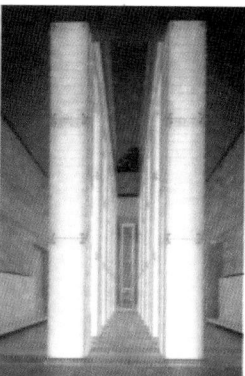

Fig.87 - Nagasaki Memorial

Outra maneira de modificarmos a aparência de um local utilizando a luz é enfatizando alguns ambientes, como fez Alessandro Grassia no projeto de San Pietro, em Roma. Aqui, Grassia conectou as várias funções da igreja: primeiro ser um local de culto e oração, em segundo ser um local de guarda e exposição de obras de arte, e por último, ser como uma obra-prima da arquitetura em si mesma.

Na figura 88 cena 1, podemos ver a iluminação usada para a exposição das obras de arte, onde são enfatizados os quadros e as esculturas. Na cena 2, seria o cenário de oração, destacando o altar como ponto central do direcionamento das atenções. E na cena 3, vemos a iluminação funcional, usada para missas e demais cerimônias religiosas.

Cena 1   Cena 2   Cena 3

Fig.88 - San Pietro

Na basílica de San Lorenzo, em Florença, a luz modela a forma dos espaços. A nave principal é enfatizada através da iluminação natural proveniente das grandes janelas laterais posicionadas na parte superior da igreja que banha a área central. Os corredores laterais se apresentam como um caminho secundário, recebendo, através das janelas pequenas e redondas, uma menor quantidade de luz. São menos destacados que a nave central e podem ser interpretados como uma área de trânsito entre a área do público e do púlpito, para onde toda a atenção está voltada. Ainda há uma terceira área reservada para o recolhimento e a oração individual, e neste local se encontram os nichos onde estão posicionadas as imagens dos santos. Estes espaços menores localizados na lateral da basílica não têm luz natural, são iluminados apenas pelas velas acesas dos fiéis. Assim, temos uma hierarquia de luminosidade, onde a parte central da nave recebe a maior parte da iluminação indicando sua importância e diminuindo em direção aos nichos de oração.

Fig.89 - Basílica de San Lorenzo

Partindo do princípio de valorizar a forma do edifício e seus inúmeros e ricos detalhes, a iluminação permite demarcar as várias áreas abertas da mesquita de Abu Dhabi. O uso de cores também ajuda a criar uma interpretação subjetiva da diferença do que seria terreno e do que seria celestial. Figura 90.

Fig.90 - Mesquita de Abu Dhabi

Quem observa o santuário Dom Bosco, em Brasília, desde o lado de fora, tem a impressão que o elemento dominante da arquitetura é a estrutura de concreto e que seu interior primará pela iluminação artificial, mas, ao entrar, o visitante é banhado por uma luz azulada proveniente dos grandes vitrais. Neste momento, a estrutura parece diminuir de importância tomando um lugar secundário, de simples moldura para os belíssimos vitrais. Além de permitir a entrada de uma grande quantidade de luz, os vitrais em dégradé azulado enfatizam o simbolismo sacro do local, criando um ambiente calmo e de paz.

Fig.91 - Basílica Dom Bosco

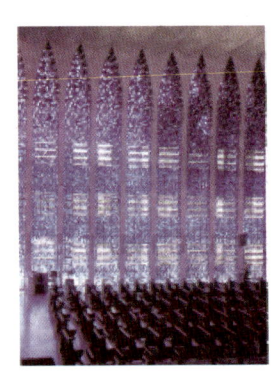

Fig.92 - Basílica Dom Bosco

5.2. Luz desfigurando a forma

O uso da iluminação pode modificar as formas de um edifício, criar e/ou alterar a textura de um objeto. A textura pode ser aleatória ou refletir um sistema de coordenadas, como uma trama ortogonal. O uso de superfícies reticuladas em janelas e portas e a instalação de brise soleil formam texturas em paredes e pisos, criando, em muitos casos, uma nova estampa nestes planos. Em alguns projetos de Legoreta, é possível ver como o arquiteto cria tramas e modifica determinadas superfícies, tornando-as, inclusive, mais interessantes através do uso da pérgula como um elemento de filtro para a luz.

Fig.93 - Exemplo de como a pérgula cria novas texturas na parede

Fig. 94 La Fira de Barcelona

Em locais onde a luz natural, assim como qualquer tipo de iluminação externa, não interfere no espaço interno, é possível modificar não só o aspecto de uma parede, mas também a aparência de todo um ambiente, incluindo móveis e pessoas. Instalando máscaras acopladas aos projetores consegue-se dar movimentos às superfícies, como no caso do bar do Tribeca Grand Hotel. Usando projetores com fachos de luz bem fechados foram criadas manchas nos planos horizontais e com a aplicação das máscaras, os projetores desenharam novas tramas nas superfícies verticais.

No corredor que conecta os dois blocos do Richmond Convention Center foram instalados, de ponta a ponta, duas barras de alumínio em arco. Na parte superior e inferior dessas barras foram sobrepostos vidros dicróicos oblíquos que criaram uma tapeçaria de luz, sombra e textura. Luminárias foram instaladas no piso ao longo de todo o corredor próximas das janelas produzindo uma rica combinação de luzes coloridas refletidas no piso e no teto.

Fig. 95 - Richmond Convention Center

Como podemos ver, o uso da iluminação para desfigurar a forma dos objetos tem uma vertente teatral e utiliza técnicas e equipamentos da iluminação cênica como, por exemplo, máscaras e projetores. São, em sua maioria, aplicados em locais de passagem ou de pouca permanência, como os apresentados aqui, já que dependendo da intensidade do contraste ou da forma da trama aplicada, pode gerar cansaço no observador e perda de orientação espacial.

Esta técnica pode ser usada em locais abertos, tais como jardins e parques, principalmente para exposições temporárias, como a criada por Leni Schwendinger para um evento de arte chamado *Water Above Water, a Sublime Floating Landscape*, em 1999, em Edimburgo. Schwendinger utilizou uma série de projetores para refinar a forma e acentuar a textura das pedras lapidadas à mão.

Fig. 96 - Water Above Water, a Sublime Floating Landscape

Todos os exemplos dados até aqui do uso da iluminação para desfigurar a forma de superfícies foram projetos que tiveram em sua essência o propósito de criar uma atmosfera diferenciada com o uso de técnicas teatrais. Mas em alguns casos, podem ser encontradas instalações de iluminação que, por uma falta de orientação ou por desconhecimento, criam projeções indesejáveis, como no caso do exemplo da fachada da figura 98. A iluminação uplight (de baixo para cima) na fachada, desconfigurou o letreiro do teatro dificultando a sua compreensão.

Fig.97 - Iluminação Uplight

5.3. Luz em materiais

Os materiais de que são revestidas as superfícies (paredes, tetos e pisos) afetam diretamente a quantidade e a qualidade da luz. Materiais lisos e brilhantes como, por exemplo, vidros, espelhos e metais, refletem a luz de forma especular. Já as superfícies rugosas e opacas como a madeira, as pedras sem polimento e as paredes coloridas refletem a luz de forma difusa e cedem um pouco de seu tom a essa mesma luz. Uma parede branca reflete aproximadamente 82% da luz incidente, uma parede amarelo-clara, 78 % e uma verde-escura ou azul, 7 %.

Os lighting designers tomam um cuidado redobrado quando o projeto usa materiais altamente reflexivos nas superfícies, pois dependendo da posição em que são instaladas as luminárias, esses materiais podem revelar a posição das lâmpadas, coisa que os profissionais da luz tentam, em geral, esconder para que o efeito da iluminação seja ainda mais dramático, com exceção das luminárias decorativas como, por exemplo, lustres e arandelas.

Existe um forte intercâmbio entre a luz e o material da superfície onde incide essa mesma luz. Tanto o material altera as características da luz, como a luz modifica a aparência do material. Os materiais quando recebem uma iluminação indireta, ou seja, recebem luz através da reflexão secundária de outra superfície, podem ter seu formato bem identificado, apesar de sua volumetria não ser tão enfatizada, e parecerem menos "vivos", pois suas cores são menos intensas. Em contrapartida, os materiais que são iluminados de forma direta, ou seja, a fonte de luz é apontada diretamente para ele, têm sua volumetria bem marcada e suas cores são mais vivas, apesar da percepção de seu formato poder sofrer algum tipo de alteração. Na figura 99, apresentamos um exemplo da iluminação de uma parede de pedra iluminada de forma indireta e na figura 100 a mesma parede iluminada com luz direta.

Fig. 98 - Iluminação indireta

Fig. 99 - Iluminação direta

Uma mudança nos materiais pode alterar a percepção de um ambiente e seu nível de iluminação. Pintando as superfícies de branco de uma sala, é possível deixar este mesmo local mais claro sem ter que alterar o tipo de luminária. Por outro lado, aplicando cores escuras às superfícies, consegue-se um ambiente escuro, independentemente de ser dia ou noite. Já as superfícies brancas que recebem a reflexão das luzes, provenientes de paredes coloridas que se encontram próximas a elas, tomam parcialmente essas cores para si.

Esses efeitos podem ser explorados como os aplicados no interior da capela de Notre Dame du Haut, em Romchamp. Apesar de suas paredes serem brancas, estas são percebidas em tons variados devido à pequena quantidade de luz natural admitida e pela cores aplicadas aos vidros das janelas.

Fig. 100 - Notre Dame du Haut, Romchamp

Outro exemplo da importância dos materiais na iluminação é observado na casa Batló, projeto do catalão Antonio Gaudí. Nela, Gaudí utilizou as cores das cerâmicas em conjunto com as aberturas das janelas. As paredes do átrio da edificação, por onde provém a luz natural, é toda revestida por azulejos coloridos que formam um dégradé do azul mais escuro ao branco, passando pelos azuis claros. Esta distribuição dos azulejos coloridos equilibra o gradiente de luz percebida no prisma, estabelecendo uma luz balanceada. Além dos revestimentos, outros dois artifícios para manipular a luz foram ampliar a abertura do prisma, mantendo-o mais largo na parte superior, e variar o tamanho das janelas. Quanto maior a quantidade de luz que entra pela abertura superior, mais escuro o azulejo e menor a abertura das janelas, e quanto mais longe da fonte de luz natural, mais claro o revestimento e maior a abertura das janelas. A intenção do arquiteto era permitir que todos os apartamentos recebessem a mesma quantidade de luz natural, diferente do que ocorre nas situações usuais, em que os ambientes no topo recebem mais luz do que os que se localizam na base do prédio.

Fig.101 - Casa Batló – Barcelona

Fig.102 - Casa Batló – Barcelona

O shoji - painel de papel de arroz, sendo um material usado largamente nas casas tradicional japonesas - se torna um difusor da luz natural, seja ela proveniente diretamente dos raios de sol ou de luz difusa de um dia nublado. Fazendo uso de sua característica translúcida, é possível criar efeitos teatrais com a luz tanto de dia como de noite.

De dia, a luz solar funciona como um projetor; se posicionarmos um objeto ou uma vegetação próxima à parede de shoji e ainda se houver uma corrente de vento, estas sombras ganharão movimento como uma grande tela de cinema para o observador que se encontra no interior.

Quando chega a noite, a cena se inverte e o espectador se torna o transeunte que passa pelo lado de fora da casa. A "cena" é criada com a instalação de um projetor no interior da casa e a ele é acoplada uma máscara com a figura de uma vegetação diferente das plantas encontradas na varanda junto à parede. Também é instalada uma fonte de luz na parte externa, na mesma direção que o projetor interno, só que este direcionado para iluminar o vaso de planta da varanda. O efeito apreciado será de uma sombra com formato diferente da planta que está na varanda, criando a dúvida e a curiosidade de saber: Como a sombra de outra espécie de planta foi parar ali? Ou: Haverá um jardim interno nesta casa? Esta contradição atua como um jogo intelectual, como uma provocação, gerando conflitos irônicos e atenção.

Fig.103

Fig.104 - Sombra chinesa

A utilização de sombra projetada é chamada, entre os iluminadores cênicos, de sombra chinesa. Quando direcionamos um foco de luz sobre materiais translúcidos, seus versos apresentam as sombras dos objetos dispostos entre eles e a luz. As sombras criadas serão determinadas pela quantidade, direção e ângulo da iluminação. Para completar, diríamos que a dimensão da sombra criada será inversamente proporcional à distância entre a fonte de luz e o anteparo material, assim como o tamanho dos objetos utilizados. Existe uma infinidade de materiais que permitem a passagem de determinadas porcentagens de luz incidida sobre eles, tais como: tecidos, plásticos, vidros leitosos etc. São esses materiais os mais utilizados nesse efeito, exatamente porque seus graus de opacidade e textura determinarão comportamentos diferentes da luz no anteparo.

Os espelhos são considerados materiais de reflexão especular, ou seja, proporcionam uma luminância máxima na direção do raio refletido e nada nas demais direções. Mas se forem serigrafados, deixam de ser especulares e passam a ser de reflexão difusa, onde os raios incidentes se refletem por igual em todas as direções do espaço.

No Audrey Café, projeto de Paul Gregory, é utilizado um espelho serigrafado, que depois de passar da linha de visão do aparador, simula tornar-se uma figura em três dimensões, projetando sua silhueta no material translúcido do balcão.

Fig.105 - Audrey Café

Na companhia Cerner, o revestimento externo cria um movimento de luz na fachada quando iluminada pela luz natural. Na edificação, foi colocada uma segunda pele formada por 72 painéis de aço inoxidável perfurados num padrão gerado por uma sequência de códigos binários. Entre os painéis e o corpo do edifício, foi instalada uma linha de luminárias fluorescentes de 55w, desta forma, tanto pelo dia como pela noite enfatiza-se a "transparência" da segunda pele.

Fig.106 - Companhia Cerner

5.4. Luz criando movimento

A luz sempre foi um forte ponto de atração para o ser humano. A luz nos direciona, atrai nossa atenção e pode criar sistematicamente hierarquias de percepção. Uma iluminação bem calculada guia-nos instintivamente para a recepção ao entrar num vestíbulo de um hotel e, em seguida, mostra-nos o caminho para o elevador. Sua intensidade pode variar conforme a claridade ou a escuridão das áreas próximas - quanto mais claro o entorno, maior a quantidade de luz necessária para destacar os objetos.

A luz em movimento pode ser usada para indicar uma área de passagem. Na instalação temporária feita por Leni Schwendinger em Seattle, foram colocadas nove telas de metal ao longo dos 100m do passeio público do campo de Seattle Center, onde anfiteatros se localizam em ambos os lados. A luz, emitida a partir de projetores de vapor metálico de 575w com filtros dicróicos coloridos, banha as malhas, mudando de cor e ritmo periodicamente na direção da primeira para a última tela. A intenção é transportar a função do edifício de dentro para fora, oferecendo uma experiência teatral para os visitantes, convidando-os, através da luz, a participarem do grande espetáculo que irá desenvolver-se ali dentro.

Fig.107 - Dreaming in color

A sinalização do caminho pode também ser um sinal de boas-vindas para os visitantes que chegam ao Alasca para conhecer a aurora boreal. No túnel que liga o aeroporto à estação de trem, foram instalados painéis de acrílico com formatos diferentes iluminados com fibra ótica que criam movimentos randômicos de frente para trás e vice-versa, sincronizados com efeitos sonoros inspirados no próprio fenômeno da aurora boreal.

Fig.108 - Aeroporto do Alasca

A alternância de luz e sombra também cria a sensação de movimento, ainda que as luzes não estejam acendendo e apagando em determinada direção. Podemos induzir uma pessoa a tomar determinado caminho e não outro, mantendo um deles completamente apagado e o outro com alternâncias de claro-escuro.

Fig.109 - Marcação do caminho

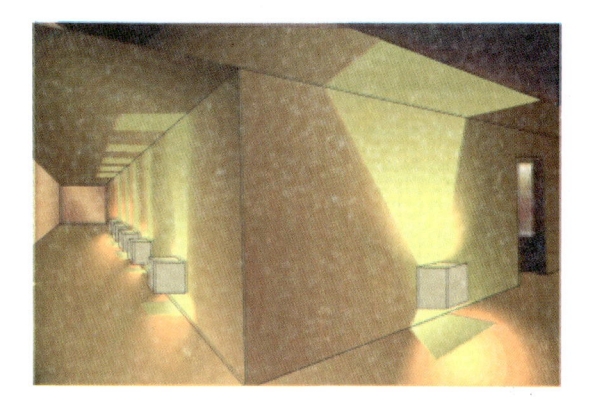

Fig.110 - Marcação do caminho

Da mesma forma, a demarcação do caminho projetada para a ponte Rion-Antirion visa destacar os quatro pilares estruturais e uma tênue linha de luz que os une, mostrando a existência da ponte que liga a península ao continente para aquele que a observa de longe.

Fig.111 - Ponte Rion Antirion, Grécia

A marcação do caminho na escada principal do hotel Grand Hyatt não se dá apenas pela iluminação de segurança no rodapé, mas também no teto ao longo de toda a escada. Além de chamar atenção pelo fato de iluminar o caminho de uma forma bastante original, este projeto nos faz lembrar as já mencionadas escadas de Escher.

Fig.112 - Grand Hyatt Hotel

5.5. Luz influenciando comportamentos

LUZ AMPLIANDO ESPAÇOS

Espaços iluminados uniformemente e com alto nível lumínico dão a impressão de serem maiores do que na realidade são. Uma das formas de se conseguir este efeito é aplicando uma grande quantidade de luz difusa proveniente do teto, como no caso da figura 115, ou uma parede envidraçada fosca por onde passa a luz natural filtrada (figura 114). Também seria possível alcançar esse mesmo efeito através de uma iluminação indireta e uniforme de um teto branco.

A luz uniforme não gera sombras bruscas, o que diminui o contraste e cria menos dramaticidade no ambiente. Com a diminuição dos contrastes e sombras, os objetos também deixam de ter hierarquização de destaque, ou seja, nenhum elemento que esteja dentro desse ambiente se sobressai aos demais, a não ser que neste local esteja uma peça de design muito arrojado que por sua cor, formato e tamanho não precise de uma iluminação específica para destacá-la. Mas se ali estiverem expostos jóias e cristais, seu brilho será reduzido devida à falta de uma fonte de luz pontual que jogue um "jato" de luz fazendo-os reluzir.

Fig.113 - Zentrum Huob

Fig.114 - Bavarian Department of State

MONOTONIA E REPETIÇÃO

Uma iluminação uniforme, agregada a um ambiente monocromático e com a repetição de elementos de arquitetura, pode gerar um espaço monótono e repetitivo. Isto afeta principalmente os locais de trabalho, já que o estado de ânimo do trabalhador, ao fim de uma jornada, dependerá em muito da influência do ambiente. Uma sala de repouso, um gabinete de reunião, salas de aula de uma escola, hospital ou indústria deverá obedecer as predominâncias ou as combinações de cores, iluminação e diversificação arquitetônica que melhor possam condicionar o homem às solicitações ou às características do seu trabalho. Estados de depressão, melancolia ou fadiga são consequências comuns de uma permanência prolongada ou a realização de atividade em ambientes nos quais, entre outros motivos, a escolha desses fatores não atende a observação de seus possíveis efeitos. Deve-se fugir de projetos como o da figura 116, com linhas frias, agressivas muito exploradas em instalações tradicionais.

Fig.115 - Espaço monótono

Por outro lado, não há prejuízo nenhum para o ser humano se forem projetados ambientes com características repetitivas para áreas de passagens ou de curta permanência como forma, inclusive, de marcar diferenças de uso e estimular que as pessoas tenham um comportamento de não permanência nesses locais por muito tempo.

Por exemplo, uma pessoa depois de passar pelo corredor do Kartause Ittingen, que pode ser considerado um espaço de repetição, pois as paredes, teto e piso são praticamente do mesmo tom e a iluminação uniforme e as portas são dispostas equidistantes, chega a um ambiente com cores fortes e uma iluminação com altos contrastes. Esta diferença total de ambiente pode ser utilizada, inclusive, como uma forma de facilitar a diferenciação do espaço que é destinado a ser de passagem e o que é destinado a ser de longa permanência, facilitando também a rápida identificação das rotas de fuga em caso de sinistros.

Fig.116 - Kartause Ittingen

LOCAIS ÍNTIMOS E SECRETOS

O uso de pouca luz em locais comerciais tem a intenção de criar ambientes de intimidade, sugerindo uma ambientação para troca de segredos e confidências.

No projeto do Fifty Club, os pequenos pontos de luz nos elementos verticais dão a noção de limites de espaço e não chegam a ter a intenção de prover luz ao ambiente, pois a iluminação é feita com focos direcionados para o plano horizontal. Os tons escuros de azul e roxo aliados a uma baixa iluminância criam um ambiente onde será difícil identificar fisionomias, preservando a identidade e revelando apenas as silhuetas.

Fig.117 - Fifty Club

Na rede de restaurantes Outback, no Rio de Janeiro, a baixíssima iluminação geral permite que sejam destacados os locais de permanência: as mesas e o bar. Toda a área de circulação é iluminada apenas com a luz que "vaza" dessas áreas. Neste caso, a ambientação não visa esconder seus clientes, mas lhes oferecer um nicho de privacidade marcado pelo mobiliário, divisórias a meia altura com acentos, onde o encosto alto faz-se também de divisória, e a luminária na altura dos olhos enfatiza a comida.

Fig.118 - Outback

Destacando apenas as áreas de importância, a sala de jogos do Fifty Club também usa o mesmo sistema de iluminação, com a luz localizada apenas na mesa de jogo e a baixa iluminância geral dificultando a perfeita visualização dos olhos e das expressões faciais dos jogadores, dando ênfase apenas aos dados e às cartas.

Fig.119 - Fifty Club

Bibliografia

AYALA, José Maria de las C.; GONZALES, Rafael G.; GARCIA, Raquel P. **Curso de iluminación integrada en la arquitectura.** Madrid: Colégio oficial de arquitectos de Madrid. 1991.

AZEVEDO, Giselle Arteiro Nielsen; BARKI, José; CONDE, Maurício Lima; MIYAMOTO, James Shoiti; OLIVEIRA, Beatriz Santos de. **Caderno didático - introdução ao estudo da forma arquitetônica.** http://www.fau.ufrj.br/apostilas/aforma/home.html (agosto 2008).

AZEVEDO, Maria de Fátima Menezes de; SANTOS, Michelle Steiner do; OLIVEIRA, Rubia de. O uso da cor no ambiente de trabalho: uma ergonomia da percepção. Universidade de Santa Catarina. PPGEP. Ensaios de Ergonomia **Revista Virtual de Ergonomia Universidade Federal de Santa Catarina.** 2000.

CHING, Francis. **Arquitetura, forma e ordem.** Ed. Martins Fontes. 1999.

COREN, Stanley; WARD, M. Laurence; ENNS, James T. **Sensación y percepción.** Mexico: Mc Graw Hill. 1999.

DEREGOWSKI, Jan B. Perception of the two-pronged trident by two- and three-dimensional perceivers, **Journal of Experimental Psychology** 82: 9-13. 1969.

ERCO, **La fabrica de luz.** Erco iluminación S.A. 2002.

GONZÁLEZ, Francisco Javier Neila. **Manual de acondicionamento Natural (I).** Introducciones al bienestar ambiental global condiciones de diseño luminoso. Instituto Juan de Herrera. 2000.

GRAHAM, C. H., HSIA, Y. **Color defect and color theory.** Science, 127 – p.657-682. 1958.

GUILLAUME, Paul. **Psicologia da forma.** Ed. Companhia Editora Nacional. 1966.

HARLEY E. A. Bicas. Fisiologia da visão binocular. **Arquivos Brasileiros de Oftalmologia**; 67:172-80. 2004.

ITTELSON, W.H. Size as cue to distance: static localization. **American Journal of Psychology**, v.64,p.54-67. 1951.

JIMENEZ, Carlos. **Manuales de Luminotecnia**. Ed. CEAC. 1999.

LAM, William M.C. *Perception and lighting*. N.Y: Christopher Hugh Ripman. 1992.

MAHNKE, Frank H. **Color environment and Human response**. Ed. John Wiley&sons. 1996.

MAIO, Ana Zeferina Ferreira. **Um modelo de núcleo virtual de aprendizagem sobre percepção visual aplicado às imagens de vídeo: análise e criação**. Tese apresentada ao Programa de Pós-Graduação em Engenharia de Produção da Universidade Federal de Santa Catarina. 2005.

MILLET, Marietta S. **Light Revealing Architecture**. Ed. Van Nostrand Reinhold 1996

PENNA, Antonio Gomes. **Percepção e realidade**. Brasil: imago editora. 1997.

PEDROSA, Israel. **Da cor à cor inexistente**. Leo Christiano Editorial: FENAME. 1989.

PILOTTO Neto, Egydio. **Cor e Iluminação nos ambientes de trabalho**. São Paulo: Livraria ciência e tecnologia. 1980.

RAPOSO, A. B.; SZENBERG, F.; GATTASS, M.; CELES, W. Visão Estereoscópica, Realidade Virtual, Realidade Aumentada e Colaboração Anais do XXIV **Congresso da Sociedade Brasileira de Computação**, v. 2, XXIII JAI - Livro Texto, SBC, Brasil, cap. 7, pp. 289-331. 2004.

SERRA, Rafael Florensa; COHC, Helena Roura. **Arquitectura y energía natural**. España: Politext. 1995.

SZABO, Ladislao. **Efeitos da luz na arquitetura**. Projetodesign. Edição 227 Dezembro 1998.

RUBIN, E. Sympleved figuren. Copenhagen: Gyldendalske. 1915.

WHORF, Benjamin Lee. Language, Thought and Reality. The MIT Press, Cambridge, MA. Edited by Carrol, J.B. 1956.

LARBORATÓRIO DE ILUMINAÇÃO DA UNICAMP: http://www.iar.unicamp.br/lab/luz/dicasemail/dica17.htm. Jan/2009.

LIPSONS, Andrew. http://www.andrewlipson.com/lego.htm. Jan/2009.

Bibliografia

Recomendada

COMISIÓN INTERNACIONAL DE LA ILUMINACIÓN (CIE). **Guía sobre la iluminación de interiores alumbrado.** Nueva grafica S.A. 1977.

CORREÓN, Jorge Chapa. **Manual de instalaciones de alumbrado y fotometría.** México: Noriega. 1990.

HOPKINSON, Ralph Galbraith; COLLINS, John Bryan. **The Ergonomics of lighting.** London: MacDonald Technical & Scientific, 1970.

KOBAYASHI, Shigenobu. **A Book of colors: matching colors, combining colors, color designing, color decorating.** Tokyo: Codaza. 1987.

MALACARA, Daniel. **Color vision and colorimetry: theory and applications.** Bellingham, WA: Spie Press. 2002.

PHILIPS. **Manual de iluminação.** 1981.

PILOTTO Neto, Egydio. **Cor e Iluminação nos ambientes de trabalho.** São Paulo: Livraria ciência e tecnologia. 1980.

SILVA, Mauri Luiz da. **Luz, lâmpadas e iluminação.** Ed. Ciência Moderna. 2004.

VIANNA, Nelson Solano; GONÇALVES, Joana Carla S. **Iluminação e arquitetura.** Ed. Uniabc. 2001.

Impressão e Acabamento
**Gráfica da Editora Ciência Moderna Ltda.
Tel: (21) 2201-6662**